為美好生活的教育

教改往哪裡走？

王立昇　著

推薦序一——教育的良心

國立清華大學榮譽講座教授　李家同

二〇一三年六月二十五日，爲了讓立法委員認知十二年國教的問題與困難，促請立法院不要貿然通過《高級中等教育法》，我生平第一次上街頭，參加了國教行動聯盟王立昇理事長在立法院群賢樓門口召開的「要辦十二年國教，拿出錢來；要辦十二年國教，拿良法來」記者會。我當時說：「十二年國教號稱免試升學，結果不但要考試，而且考得更難，這個政策『毫無意義』，根本不應實施。」

很遺憾地，《高級中等教育法》還是通過了，十二年國教仍在二〇一四年上路。果不其然，上路後爭議不斷，學生及家長惶惶不安，教育現場混亂失序，經過幾年才漸趨穩定，但已經有好幾屆的白老鼠被犧牲了。這一段推動十二年國教的慘痛教訓必須留下紀錄，作爲未來教育政策推動的警惕。立昇從推動十二年國教的連署開始，持續幾年參與十二年國教的政策研議，現將其過程及理念整理成冊，值得參考。

立昇和我一樣是工程背景，也和我一樣秉持著良心關心教育。教育的目的爲何？確如本書所言，是爲了要有美好的生活。那要如何達到呢？立昇經過幾年的投入及觀察，並執行了三件台大政法中心委託的教育政策相關研究計畫，得到了許多寶貴的心得與見解。本書從民情的觀察出發，檢討了一九九四年以來教改的各項措施，評析客觀且深入，所提出的解方值得教育當局重視。

立昇並在本書中大力推倡我們博幼基金會採用的階梯式學習法，讓孩子順著博幼基金會安排的進階學習程序，得以一步一步有成就感地往上走。博幼將英文及數學的課程內容分成約一百五十級，學生只要前進三級，就會得到一張由我親自簽名的獎狀，這樣的方式鼓舞了許多原來學習落後的偏鄉孩子。立昇將這樣的觀念延伸爲「滴灌式學習法」，並在本書中提出，這個長期有效的灌溉及鼓勵方式，我認爲可以產生很好的學習效果。

本書內容豐富，涵蓋了民情的觀察與影響、教育現況的介紹與困境、教育政策的分析與建言，並提出了教育如何引導到美好生活的策略，是一本值得閱讀及參考、收錄的好書。

李家同

推薦序二——對教改措施鞭辟入裡的一本好書

國立台灣師範大學名譽教授　吳武典

我和立昇教授素昧平生，近年因關心教改而認識，因理念相合而成爲好友。記得首次認識是在共同參加建國中學爲因應十二年國教，討論轉型發展課題座談會的場合，那時他是以校友及家長身分參與（他曾任北一女家長會會長及台北市高中學生家長會聯合會總會長）。後來應邀參加他召集的台大政法中心的三個教育政策研究案，有機會成爲他的研究團隊夥伴。

我是師範教育科班出身，理當爲教育發展有所付出。他是理工出身、台大教授，卻對教育改革深切關懷，且見識卓越，讓我深爲驚訝和感動。眼看十二年國教即將上場，政府有善意卻缺乏章法，他登高一呼，於二〇一二年先後創立「國教行動聯盟」和「中華適性教育發展協會」，舉辦系列論壇及多次記者會，針對十二年國教方案提出批判和建言，皆擲地有聲，廣受重視。個人有幸受邀成爲共同發起者，甚至和李家同教授一樣，於二〇一三年六月二十五日，生平第一次上街頭，參加了他在立法院群賢樓門口召開的記者會，促請立法院不要草率通過不周全的《高級中等教育法》。

和立昇教授共同奮鬥是一件既興奮又愉快的事情，我覺得他具備理想資優者的特質——「聰明的腦，溫暖的心」，也具備絕佳的規劃、協調、統整和行動的能力。我常說：「立昇理事長超有領袖魅力，能把各路英雄好漢call在一起，爲下一代美好生活的目標，共同無怨無悔、無私無我地貢獻心力，實在不簡單！」我覺得他是眞正的「國士」。

如今，他把這些年參與教育關懷活動的觀察、體驗和心得，撰著成《爲美好生活的教育》一書，個人有幸先睹爲快，覺得本書有下列特色：

1. 理念清晰：教育不要空談，要務實地爲美好的生活作準備，並且要誠信爲懷，民情爲本；講求學力，鼓勵努力。
2. 體驗深刻：身爲家長及家長團體的領導者，深切了解輿情，舉出許多生動的事例，扣緊著家長的心，所思所言皆能「接地氣」。
3. 哲思精湛：國學底蘊深厚，對中外教育家的思想精髓皆有掌握，故能引經據典，言之成理。
4. 國際視野：對全球教育思潮瞭如指掌，芬蘭經驗析論精確，對各國教育決策及入學制度，皆有精確剖析，可作借鏡。
5. 鞭辟入裡：針對當前教改措施，如「庖丁解牛」般，提出一針見血的病理診斷和因應方略，如：四一〇教改——是快樂學習還是擴大落差？十二年國教入學制度——是成就孩子還是延誤學習？大學入學制度——是多元還是關係？學用落差——是學歷還是學力？技職教育——是就業還是升學？適性教育——是適性還是隨性？教育決策機制——是系統還是民粹？

讀者若仔細咀嚼本書，或可對本書的特色和精髓有新的發現。總之，這是一本難得的好書，特此推薦給好朋友分享。

推薦序三——上施下效使作善

國立台灣大學名譽教授　黃光國

王立昇教授所著的這本《爲美好生活的教育——教改往哪裡走？》，是他多年以來組織並推動「國教行動聯盟」所獲得的寶貴心得，也一針見血地指出：一九九四年教改失敗的關鍵因素之一，就是違背了「上施下效使作善」的基本教育原則。

倘若我們回顧一九四九年國民政府撤守台灣以來的歷史發展，蔣介石帶了兩百萬人馬敗走台灣，可以說是《易經》中的「遯」卦。當時台灣人口約六百萬，其中原住民三、四十萬，絕大多數是漢人。蔣介石帶來的兩百萬人馬中，除了六十萬大軍之外，其餘一百多萬是來自全中國各省的文化菁英，他們爲了「避秦」，造成中華民族繼五胡亂華、北宋南遷之後的第三次人口大遷移。

這些文化菁英跟當地人民通力合作，造就了一九八〇年代「亞洲四小龍」的經濟奇蹟，當時台灣氣勢猶如「飛龍在天」。台灣缺乏自然資源，之所以能夠有此輝煌歷史，最重要的因素，就是經由教育所培養出來的高素質人力。

然而，「亢龍有悔」。一九九四年李登輝掌握國民黨內的實權之後，利用「諾貝爾獎得主」李遠哲的光環，和一幫號稱「自由派」的大學教授，推動「全盤西化」的「四一〇教改」，台灣就開始走下坡，如今整個社會四分五裂，已經呈現出清楚的「渙」卦之象。

王教授的這本著作，以傳統教育「上施下效以作善」的原則，指出當前國民教育的許多問題，可以說是給重症病患的一劑良方。

至於台灣的國民教育是不是會因此而有所改變？身爲亂世中的知識分子，我想我們也僅能「盡人事，聽天命」，無愧於心而已。

黃光國

推薦序四——教育培育人才，提升人力資本，促進經濟成長與國家發展

國立台灣大學公共政策與法律研究中心執行長　陳正倉

一般而言，勞動力指的是勞動的數量，而人力資本除了勞動數量外，包括人的素質。一個國家人力素質的高低，決定了該國的整體發展，特別是經濟發展。人力素質的高低則決定於教育。教育的功能是綜合多元的，有社會的、有政治的、有經濟的、有文化的。教育的重要性在於：1.傳遞知識；2.提高生產力；3.人格培育、情操和正確價值觀的培養；4.促進國家發展。

就經濟學的角度來看，生產要素可分為土地（天然資源）、資本（資本財）、勞動力（人力資本）、企業精神等。在這幾個生產要素中，以人力資本最為重要。而要提升人力資本，則必須重視教育。

教育具有兩種性質，由於教育可以滿足或提升精神生活，因此教育具有消費的性質；另一方面，接受教育可獲得知識與技能，吸收新的觀念，並利用這些知識技能與觀念，來提升生產力，促進生產，提升產品品質及國民所得，增進生活水準。因此教育是一種投資。

然而，教育與一般投資不同，因為一般的資本財若投資失敗，可以廢棄不用。但是，若教育投資錯誤時，教育出來的人則不能像資本財那樣予以棄置，教育投資錯誤將對整個國家社會及經濟產生不利且久遠的影響。因此，如何做出正確的教育投資或教育政策，至為重要。另外，由於教育具有極大的外部經濟意義，因此教育被視為公共財，大都由國家來辦理。政府如何對教育做出正確的投資

呢？這是全球各個國家都重視與關心的議題。

本書爲討論台灣教育發展的一本重要著作，是王教授將其長期關心台灣教育問題，觀察、研究、召開學者專家論壇的心得彙集而成，值得讀者細心閱讀與思索。

王教授在書中，仔細申論教育的目的在於追求美好的生活，要美好的生活，教育必須要以民情爲本，培養誠信的價值觀、符合適性的原則，要能提升素養、要能符合公益。

本書從我國的民情開始討論，接著分析過去二十多年來教育改革措施的利弊得失，包括：四〇一教改、十二年國教、大學入學制度、學用落差，以及技職教育等。

就學用落差而言，二〇一六年我國失業人口爲四十六萬人，失業者中，大學及專科畢業生占了百分之五十三點四八。換言之，二〇一六年一百個失業者中，有五十三個是大專畢業生。由此可知，我國高等教育學用落差的嚴重性。

王教授認爲教育是爲了「美好未來」，因此如何爲美好未來做準備，王教授提出具體周全的政策建議。他特別強調適性教育的重要，以及什麼是理想的教育決策機制，建議以「穩紮穩打、按部就班」的方式來推動教育百年大計。

作爲王教授的多年好友，我個人對於他多年來對我國教育問題的投入、建言，深爲敬佩。如今他將研究成果彙集成書，希望能夠藉此喚起大家對我國教育問題的重視與討論，並期盼我國教育更爲進步，爲國家培育更多的人才，期盼大專學生畢業能夠適才適所。值此新書出版之際，特向讀者推薦，這是一本值得閱讀與深思的好書。

陳正倉

自序

人的生命總是充滿了變化，隨著需求而調整步伐與方向，以前聽說游牧民族在大草原上「逐水草而居」，感覺上是在過一種漂泊不定的生活。但身在都會區的人們，則是「隨需求而爲」，如果需求常常在變，生活不就也隨著不安定嗎？

我的生命亦是如此，十五年前過的是大學教授做研究及教學的安定生活，但之後因孩子進入國中讀書，「天下父母心」，爲了給孩子更優質學習環境的需求，我開始參與家長會的運作，生命也從此與教育現場結了緣。因爲教改引發的諸多爭議，過於理想化及不安定的教育政策使我的生命變得不安定了。

一九九四年四一〇教改遊行以來，台灣的教育改革措施一波一波地推動，推動之初都規劃得讓人充滿希望，但爲何後來總是變了調呢？當我在二〇一一年擔任台北市高中學生家長會聯合會總會長時，前總統馬英九於元旦文告中宣布十二年國教將於二〇一四年上路。這個在當時讓很多民眾期待的訊息，卻引發了許多家長的關切。當大家看到方案中所述，超額比序將納入抽籤方式時，不滿情緒開始高漲，有家長說：「這樣孩子努力還有什麼用呢？」、「孩子的未來怎麼變成是隨機的呢？」、「志願序要扣分，那志願該怎麼填呢？」一連串的疑問在家長團體中激盪。

有一些關心教育的朋友將憂慮化爲具體的行動，決定發起十二年國教「捍衛教育選擇權、尊重地方自治權、反對孩子當白老鼠」的連署，並找我加入一起推動。於是，基於對教育的關心及國家人才培育的擔心，我投入了教育政策批判及研議的行列，並和一萬名連署人共同成立了長期監督教育政策的「國教行動聯盟」。

我是學工程的，以前未曾做過教育政策的研究，有何資格來批判教育政策呢？我的批判基礎來自民情，來自教育政策最直接的利害關係人——家長。因此，我一開始對自己的定位是家長的代言人，主要任務就是反映家長的聲音及民情，確保學生的受教權及家長的參與權。在十二年國教執行的爭議中，我曾兩次受邀到行政院參加由行政院長主持的十二年國教入學制度協商會議，努力爭取學生的權益。

經過一段時間的參與後，我深刻的體會到，教育的目的是要爲了讓孩子能在社會上安身立命，並促成國家社會的進步，也就是符應杜威所言「教育即生活」的意義。我們生活在這個社會中，教育政策的規劃因而不能離開民情。如果一個教育政策讓許多學生不安、家長焦慮，就必然不是一個好的政策。但爲何教育政策制定者都沒有注意到這個問題，卻往往在執行失敗後歸責於家長的不配合呢？

家長代表的是民情，教育政策就應該以民情爲本，再考量價值、專業、可操作性來研擬。爲了深入研究這個問題，在台大政法中心的支持下，我執行了三件教育相關的研究計畫，分別是關於教育政策制定程序、審議式民主、學用落差等主題，建構了我教育理念的基礎，使我參與教育政策的方式跳脫了「反映民意」的階段，而有了自己的想法與論述。

爲了將我的心得與大家分享，並提供教育當局參考，我彙整了過去參與教育政策的經驗及三個教育相關研究計畫的成果撰寫此書，希望這裡的分析與建議能夠得到社會大眾的認同，期待教育當局能審慎思考本書提出與分析的核心問題及建議的教育措施，並參照當前的社會需要及國際局勢審酌落實。

教育政策如果能安定下來，很多關心教育的朋友和我也才能過安定的生活。

感謝過去及現在與我一起爲教育努力的朋友與夥伴，大家的寶貴意見與指教使我得以在教育政策的領域中學習及成長；感謝台大政法中心的資助，使我的研究得以順利進行，並形塑了我的教育理念；感謝李家同教授、吳武典教授、黃光國教授、陳正倉教授的推薦，讓本書的價值得以更爲彰顯；感謝多位教育夥伴及親朋好友協助本書的修改；感謝我的牽手毓瑩提供的寶貴建議，她的教育專業使得本書中的許多觀念更爲成熟。感謝我的三個孩子易如、玄如、道如使我的人生更爲精彩而豐富。

最後也是最重要的，感謝各位讀者的閱讀，教育改革之路尙未成功，我們繼續一起努力！

目次

爲美好生活的準備

附錄

總論

第一章 緒論

您曾經觀察過狗媽生小狗的過程嗎？幾年前，我家養的母狗一胎生了九隻小狗，小狗崽在狗媽咬斷臍帶後，不到一個小時就會爬了，當時費了番功夫才將九隻小狗崽抱回狗媽身邊。許多哺乳類動物（如狗、馬、鹿等）生下來沒多久就可以活動，但人類不一樣，常有人說「七坐八爬」，也就是大約七個月才會坐、八個月才能爬，而要到一歲左右才會走路。嬰兒出生的時候完全沒有謀生能力，對於環境一無所知，只有在父母或監護人的撫育下才能長大。

人從母親的肚子裡來到這個世界，學會的第一件事是什麼？可能就是哭了有奶吃。但長大以後呢？肚子餓了再哭，還一定會有人給飯吃嗎？含著金湯匙出生的孩子可能一輩子不愁吃不愁穿，但如果還要名、還要活得久，那仍是在需求的漩渦裡打轉。「不如意事，十之八九」，人一輩子都有或多或少的需求，有多少能滿足呢？天下沒有白吃的午餐，要讓需求得到滿足的第一步就是要學習，那要怎麼學呢？就得靠教育。

全世界很多地區有成年禮的習俗，有的十八歲，有的二十歲，成年禮過了就代表已長大成人，要自力更生了。人爲何需要那麼久的時間才能自立呢？就是因爲要有更多的機會與嘗試來認識及適應這個複雜的生存環境，並建立與親人、朋友及社會的連結。只有教育，才能在最短的時間內讓人學會做人做事的道理及滿足需求的能力。

教育是爲了要有美好的生活

教育是什麼？《說文解字》：「教，上所施、下所效；育，養子使作善」，簡單的說，教育就是「上施下效使作善」，而「善」有美好或擅長的意思。英文的Education則源自拉丁文Educere，乃引導之意。美國教育學家杜威（John Dewey, 1859-1952）將教育與生活作了連結，提出「教育即生活」（Education as life）的概念。英國教育學家斯賓賽（Herbert Spencer, 1820-1903）更明確地說：「教育是爲未來生活做準備。」綜合東、西方的說法，教育的目的就是要「引導學子未來過美好生活」。

生活又是什麼？有些人喜歡小確幸，有些人想要大展鴻圖。心理學家阿德勒（Alfred Adler, 1870-1937）說：「人類生活於意義的領域之中。」何爲意義？阿德勒再說：「人與環境、人際與性（家庭）的聯繫構成了重要的意義。」每一個人在出生後，就有盼望與需求，要吃、要穿、要住、要動、要朋友、要家庭，而生活可以說就是一個滿足需求的過程。心理學家馬斯洛（Abraham Harold Maslow, 1908-1970）則將需求分成五個層級：生存、安全、人際、尊重、自我實現等。生活的「美好」程度可以由滿足需求的層級來評估，層級愈多就愈美好。

在環境、社會與家庭中的各層級需求得到滿足，才能過美好的生活，這是更爲具體的教育目標。爲了生存，教育要教導謀生的能力；爲了安全，教育要教導如何保護自己；爲了滿足人際的需求，教育要讓學生知道待人接物的道理；爲了滿足被尊重的需求，教育要引導學生互相尊重及學習禮儀；爲了自我實現的需求，教育要引導學生找到學習方向並發揮潛能。

生命之路的特質

二〇一七年二月，美國國家航空太空局（NASA）宣布，史匹哲（Spitzer）太空望遠鏡首次發現了太陽系外一個包含七個地球大小行星的行星系統，其中一個岩石行星上可能含有液態水。科學家持續在宇宙中尋找適合人類居住的星球，但進展緩慢。地球上的水、陽光、空氣、土壤提供了人類維生的必要元素，可謂得天獨厚，但地球（空間）的資源是有限的，近幾年能源供應的議題便成為顯學。

在另一方面，根據內政部公布的資料，二〇一六年台灣人的平均壽命為八十歲，過去大約以每五年增加一歲的速度成長，但無論成長多少，人的壽命（時間）也是有限的。在空間與時間資源皆有限制的條件下，現實生活的約束使得需求有的被滿足，有的則得不到滿足，人的一生就在需求、約束與滿足（或失望）的交互作用中度過。

需求是一種心理狀態，每一個人都依其自我賦予的意義而生活，有些人的生命過程相似，但如同全世界沒有兩個人的指紋是相同的一般，沒有兩條生命之路是完全相同的。能同時滿足馬斯洛各層級需求的生命路是多數人的企求，也是很多人想走的路，但因爲資源有限，競爭就不可避免，於是，滿足需求愈多的路愈難走。很多人想要當醫生，但全台灣每年醫學系的招生名額大約只有一千三百多個，當然就比較難取得醫學系的入學許可。

從台北到高雄，可以搭台灣鐵路，也可以搭省時但費用高的高速鐵路。「條條大道通羅馬」，達到目標的路絕對不只一條，每一個人都依其認定的意義選擇最佳路徑。基於以上認知，生命之路可以歸納出三個特質：

㈠每一條生命路皆有其意義。
㈡滿足愈多需求的生命路愈不好走。
㈢每一條生命路都是在約束條件下的最佳途徑。

這三大特質可用來解釋或預測生命或生活的行爲，也可用來詮釋美好生活。

人生的「最佳路徑」爲何呢？每一個人的價值觀或有不同。有的人認爲「名」重要，有的人認為「利」重要，每一個人依自己的價值觀來做最佳選擇。但哪一個價值觀可以讓我們的共同生活更為美好呢？

誠信的價值觀

台灣積體電路公司（台積電）在一九八七年成立時，由當時的工研院院長張忠謀帶著一群以出身工研院為主的工程師們一同籌畫開辦，三十年後，台積電已成為全球最大的晶圓專工半導體製造廠，二〇一七年的營收接近一兆台幣，獲利三千多億元，是一個極為成功的企業典範。台積電所賴以成功的核心價值為誠信（Integrity）、承諾（Commitment）、創新（Innovation）、客戶信任（Customer trust），簡稱「ICIC」，誠信列為首位。

二〇一三年，台灣發生假油及國防部長楊念祖因抄襲而在上任後六天即下台等事件，於是，當年台灣民眾選出來的代表字是「假」。二〇一四年七月，當時的教育部長蔣偉寧因陷入其學生陳震遠論文審稿造假案而請辭。二〇一六年五月，當時的中研院院長翁啓惠因捲入浩鼎案請辭獲准。二〇一七年四月，原來可以連任的台大校長楊泮池因涉及郭明良論文造假案而宣布不續任。二〇一八年五月，當時的教育部長吳茂昆因涉嫌剽竊東華大學專利及其他爭議而下台。台灣教育界的三大龍頭接連遭到誠信的質疑，令人擔憂台灣人的誠信價值觀是否已盪然無存？

人無信不立，每一個人都希望別人對他是真誠的，是講信用的，那麼，自己也就要對別人真誠、講信用。因此，「誠信」是一個社會達成共同美好生活所必須具備的價值觀。人不但要對別人誠信，也要對自己誠信，不能自欺欺人、敷衍塞責、爭功諉過。

《韓非子》中有一則「曾子殺彘（豬）」的故事，敘述春秋末期曾子的妻子有一天要進城時，兒子哭著說要跟去，曾子的妻子說：「你回去，我回來後殺豬給你吃。」後來曾子的妻子回家後，看到曾子在捉豬準備烹煮，她阻止並說：「我那話是哄小孩的。」但曾子說：「不能對孩子戲言，孩子小的時候懂得不多，處處都在向父母學，今天欺騙孩子，就等於是教孩子欺騙。母親騙了孩子，以後孩子就不相信母親，這不是好的教育方式啊！」曾子於是堅持將豬殺了煮給孩子吃。

《論語》中說「君子有九思：視思明，聽思聰，色思溫，貌思恭，言思忠，事思敬，疑思問，忿思難，見得思義。」不但要「思」，還要「做到」，如果「九思」能進一步成爲「九到」，就是誠信的具體表現。

當前社會亂象頻傳，使得人民生活不安，主要原因就是誠信價值觀的淪喪。教育是爲了要有美好的生活，當然就要教導學生建立良善的誠信價值觀，並要從小做起，考試不作弊、作業不抄襲、論文不造假。教育政策的實施要遵守信賴保護原則，不能拿孩子當白老鼠。升學制度也要依循誠信原則，不能讓造假的行爲有可趁之機，不要提供機會主義運作的空間，各項做法要引導孩子實事求是，揚善心、杜惡念。

教育要能提升素養及競爭力

雖然生命之路的第二特質是需求愈多的路愈不好走，但「明知山有虎，偏向虎山行」、「不入虎穴，焉得虎子」，即使路難走，人常常是爲了滿足需求或實現夢想而努力不懈，也因此彰顯了生命的價值。事實上，人類的文明或更美好的生活常奠基於滿足需求的希望與努力上。爲了要能活得更久，醫學更爲發達。爲了有更便捷的交通工具，發明了汽車、火車、飛機，現在更大力發展無人自駕車。爲了滿足一探宇宙究竟的夢想，於是發展了太空科技，甚至希望能找到人類的第二個樂土。爲了讓人與人之間的連結能更爲緊密，於是有了Facebook及Line。

在困境中就有需求，需求則能產生創意，創意再轉化成文明，人類的生活就會更美好。這個轉化機制要能實現，需要有充分的準備。

世界經濟合作及發展組織（Organization for Economic Cooperation and Development, OECD）

在二〇一七年評估，未來在二〇三〇年時，孩子所需學習的指標包括知識（Knowledge）、技能（skill）、特質（character）與態度（attitude）、後設學習（meta-learning）等四個面向，也就是「素養」的涵義。知識包括專業及跨領域的知識，技能除了專業技術外，還要有創造力、批判思考、溝通及合作的能力；特質與態度方面，則要有好品格、好奇心、勇氣、毅力、適應力及領導力；後設學習指的是要能自我認知（自覺）、自省、自我成長。

不要等到二〇三〇年，這些指標在當下即已適用。教育要能傳授足夠的知識，訓練解決問題的能力，陶冶良善的特質與態度，培養自我學習及成長的能力。有了知識、能力、態度及自覺，才能在這個動態的環境中謀生，需求或夢想也才有落實的機會。如果大家的需求是一樣的，而資源有限，那該如何分配呢？「僧多粥少」就產生競爭。要過美好的生活，就要有競爭力。

成功的企業家張忠謀在二〇一七年十月的一場演講中說：「我人生的學習，百分之九十五是從畢業後才開始」、「學習主要目的是為了工作，次要才是工作外的主題，但絕對不是為了學位。」如前所述，教育的目的是要「引導過美好生活」，因而學習的目的也就是要「過美好的生活」。工作是生活的一部分，是滿足需求的途徑，沒有適合的工作就不會有好的生活。張忠謀提醒的重點是：學習不要為了學位，而是要鍛鍊自己未來工作的實力。

人生的學習有很多面向，對張忠謀而言，學校學習到的只有百分之五。但這並不表示學校的學習不重要，「好的開始是成功的一半」，那百分之五的初始條件可能就決定了後來的成就。在學校要學習的很多，包括自我認知、環境認知、專業知識與態度，都對後來的終身學習產生重要的影響。張忠謀在同一場演講中說，「當年在MIT念碩士，學習的動機就是為了學位、想拿博士，結果我失敗了，因為目的是錯的。」後來他到Stanford大學順利取得電機博士學位，就是因為學習態度調整了，而畢業後更學習到百分之九十五。如果學習態度沒有養成，那麼在畢業後學習到的比例可能就不會那麼高，當然成就也就不會那麼傑出了。

教育要符合公義原則

很少人能離群索居，人要與社會及家庭建立良好的連結，生活才更有意義。要能滿足安全、人際與尊重的需求，都需要有一個良善的生活環境及一個講公義的社會。怎樣才是一個公義的社會呢？就是每一個人都能有公平的發展機會，事件的處理要符合正義原則。

古希臘哲學家亞里斯多德（Aristoteles, 384B.C.-322B.C.）認爲，正義是「人人各得其應得」。美國哈佛大學教授桑德爾（Michael J. Sandel, 1953-）則提出正義思考的三個角度：增進福祉、尊重自由及提升美德。在一個公義的社會中，每一位公民都可以有安定的生活，雖然物質條件或有不同，但生存、安全的基本需求都要能得到滿足，並能有發展自我的機會。

教育要引導學生過美好生活，就要教導學生思辨的能力，知善惡，明是非，並要有良好的品格。在教育資源的分配上也要講公義，要讓每一個學生都有公平的受教育機會，也就是要做到「有教無類」的普及教育。公義原則要能落實，在社會上過美好生活才有實現的可能。

教育要符合適性原則

鳥在天空飛、馬在地上跑、魚在水中游，每一種動物都有其天賦的能力，各擅勝場，如果想要教鳥如何跑得快、教馬如何游得好、教魚如何飛上天，就如同緣木求魚，是不可能成功的。

人的性向、興趣、能力、特質、文化背景當然也有差異，有的孩子數理能力強，有的孩子可以做很好的工藝，有的是音樂天才。對於天賦不同的孩子，就要給予不同的學習方式，才能事半功倍。孔子在兩千多年前就依照學生的材而「因材施教」，亞里斯多德也說：「給不同條件的人相同之待遇，就像給相同條件的人不同之待遇一樣的不公平。」

學術型學生需要的是研究學術的機會，技藝型學生需要的則是動手實作的學習環境。教育要能引導學生找到自己的性向、興趣，並尊重差異，提供適合的學習環境，使學生得以在長大成人後從事適合的工作，生活才得以美好，這就是教育必須努力達成的「適性」目標。

教育政策要以民情爲本

我兒子在台灣讀到小學五年級後，到美國讀了一年小學。有一次他在美國參加科展比賽，自己在家完成了作品帶過去參加，當時人在台灣的我問兒子，會不會有同學的爸爸、媽媽幫忙做好帶去參展比賽呢？我兒子說不會啊！大家都是自己做的。但在台灣，如果那個比賽得了獎有助於升學，可能就會有一些積極的爸爸、媽媽幫忙孩子做科展，或聘請老師幫忙指導，甚至代做。因爲擔心因此而不公平，台灣科展的評審都要先仔細確認作品是否爲學生自己做的。

每一個國家的民情不同，美好生活的條件也不同，教育制度就要因地制宜，要適應國家的民情。國家由人民組成，佛家說，人都有「喜、怒、憂、懼、愛、憎、欲」七情及「色、聲、香、味、觸、法」六欲，也都可能會陷入「貪、嗔、癡、疑、慢、惡見」的六毒中，因此，教育政策的研議要考慮到人性的各種面相。社會有社會的特質，有的國家基督徒比較多，有的國家回教徒比較多，儒家思想在華人社會則仍是主流思維。

每一個社會的文化背景與價值觀不同，就影響到適性與公義的內涵。教育政策的制定要「以民情爲本」，才能眞正促進人民的美好生活。因此，了解台灣社會的民情是擬定教育政策的第一步。

本書內容概述

《莊子、南華經》中有一則寓言「庖丁解牛」，講一個名爲丁的廚師爲魏惠王殺牛，並藉機講述道家養生的道理。「彼節者有閒，而刀刃者無厚，以無厚入有閒，恢恢乎其於遊刃必有餘地矣，是以十九年而刀刃若新發於硎」，意思是說：「牛的骨頭節理有空隙，而刀刃幾乎沒有什麼厚度，用薄薄的刀刃插入有空隙的骨節間，刀刃的運轉和迴旋是多麼寬裕而有餘地呀！所以刀使用了十九年，刀鋒仍像剛從磨刀石上磨過一樣。」

如同解牛，要解決教育的複雜問題，就必須找到問題的經緯與脈絡，再從其間隙找到可操作的空間。在「爲美好生活」的大前提下，教育體系的「經」是誠信的價值觀及適性、公義、提升素養與競爭力的目標，「緯」是民情，「脈絡」則是交織經緯的聯結，構成了複雜的教育體系。

一九九四年四一〇教改大遊行迄今已二十四年了，教改要往哪裡走呢？本書將從民情的觀察出發（第二章），再從誠信價值觀的建立及素養、適性、公義、民情等角度來分析過去二十多年來教育改革措施的利弊得失，包括四一〇教改（第三章）、十二年國教（第四章）、大學入學制度（第五章）、學用落差（第六章）、技職教育（第七章）等，並提出符合前述多項原則的可能因應方略。

有了方略，還要有周全的準備及推動策略才能順利落實，第八章將介紹可引領學子到美好生活的適性教育；第九章則討論理想的教育決策機制，如何做好系統性的評估，並以「穩紮穩打、按部就班」的方式推動教育百年大計。最後，第十章就本書論述作一總結。

第二章　民情——是載舟還是覆舟？

教育是爲了要有美好的生活，而人的生活脫離不了社會，教育因此要與社會連結，教育政策的規劃也要符應社會的現況（也就是「民情」）。那台灣社會的民情爲何呢？我們先做一些觀察。

對誠信公義進步社會的期待

自二〇〇八年起，聯合報於每年年底對台灣民衆徵集投票選出一個代表字，旨在表現該年台灣的社會面貌與變遷，也可視爲台灣民情的一個表徵。

二〇〇八年總統大選，馬英九總統上任，新舊政權更迭之際，民心動盪，選出的代表字是「亂」。二〇〇九年，政局穩定，全民對未來有期待而選了「盼」。二〇一〇年沒發生什麼大事，人民生活恬淡，雖然國際局勢動盪不安，但台灣民衆處之泰然而選了「淡」。二〇一一年，網路溝通網站Facebook普及，「按讚」成爲流行用語，於是人民選了「讚」。到了二〇一二年，因爲歐債危機、薪資倒退、物價上揚，「憂」成了代表字。二〇一三年，香精麵包及假油等食安事件及國防部長抄襲事件，加上十二年國教超額比序的假服務、假獎狀等傳聞，民衆選擇了「假」字。

二〇一四年爆發主打反黑箱服貿的太陽花學運，並有黑心商人製造黑心油品、黑心食品等事件，「黑」成了代表字。二〇一五年，在即將舉行總統選舉的氛圍下，大家期待換人做看而選了「換」。二〇一六年，由於年初美濃地震引發維冠金龍大樓倒塌事故，年中並有多個颱風侵襲台灣，整體經濟狀況未好轉且兩岸關係急凍，「苦」成爲代表字。到了二〇一七年，民衆看到《勞基法》修法一變再變、青年低薪看不見未來、空汙導致霧霾不斷，兩岸關係與全球局勢充滿變數，而選出了代表字「茫」。

在這十個字中，正面的字只有二〇〇九年的「盼」和二〇一一年的「讚」，中性的有兩個「淡、換」，負面的則有六個「亂、憂、假、黑、苦、茫」，顯示台灣民眾這些年過得並不好，對於一個誠信公義進步社會的期待如大旱之望雲霓。

「愛有等差」的思維

由於教育資源有限，名校也就那麼幾所，大家都想進去，那要如何分配呢？家長及學生要如何爭取好的教育機會呢？大家都希望入學方式能滿足公義原則，人人各得其應得。但如何決定誰「應」得什麼呢？

我曾徵詢周遭的朋友一個問題：如果遇到兩個人溺水，一個是自己的孩子，一個是陌生人，你要先救哪一個？大多數人的回答是前者，這也就是儒家認同的「愛有等差」思維。愛是以自我爲中心的同心圓方式，依自己、親人、朋友、陌生人等順序逐步放大，但強度則依序遞減。所謂「親親而仁民，仁民而愛物」，先「親親」才「仁民」，然後「愛物」。在這個思維下，如果有資源，也就按這個順序分享。雖然有時也「大義滅親」，但那是爲了「大義」才能滅親，如果是「小惠」，當然還是親人先享有。於是，家庭背景或關係就成了爭取好機會的手段。常聽人說：「有關係就沒關係（問題）」、「沒關係就有關係」，「關係主義」成爲華人社會中許多人奉行的一種運作方式，當然也可以用在爭取教育的資源上。

這樣「愛有等差」的思維在戰國時代受到了墨子的挑戰，墨家說：「兼愛非攻」，也就是兼愛眾人（包括自己），而無親疏遠近之別。如果「兼相愛，交相利」，那麼有資源的時候當然就是大家平均共享，也就不會特別照顧「有關係」的人。基督教文化的「博愛」可能和「兼愛」的概念比較接近，基督教認為世人皆上帝所創，互為兄弟姐妹，要「平等的愛」，遇到上述溺水問題，可能就不一定先救自己的孩子。

《呂氏春秋》中有一則「腹䵍殺子」的故事。腹䵍是墨家的鉅子（稱對墨學有成就的人），他的兒子因為殺了人而面臨被處決的命運，當時秦惠王原擬因腹䵍年邁且只有一個孩子而放他兒子一馬，但腹䵍堅持要依大義而行，不同意秦惠王的恩賜，於是他兒子就被殺了。如果儒家的大儒遇到這樣的狀況，會如何處理呢？

《論語．子路篇》有一則記載，有一個年長者偷了人家的羊，他的兒子怕父親坐牢受苦而曲意隱瞞，儒家認為這是發自親情天性，何罪之有？孔子說：「父為子隱，子為父隱，直在其中矣。」父子（親親）相隱是直接的天性流露，如何究責呢？現今的《刑法》第一六七條規定，親屬間（配偶、五親等內血親、三親等內姻親）犯「藏匿犯人」及「湮滅證據」罪，得減輕或免除其刑。相關訴訟法也規定，有五親等內血親、三親等內姻親關係，可以拒絕作證，也可以說是依循這個精神。

另一位春秋時代思想家老子提出的理想社會則為「甘其食，美其服，安其居，樂其俗，鄰國相望，雞犬之聲相聞，民至老死，不相往來。」如果資源是無限的，人人各取所需，每一個人的需求都能得到滿足，也就沒有資源分配的問題及關係運作的空間，於是「愛的層級」也就止於心理的層面，不會影響到生活。但人活在地球上，好的空氣、水、能源都有限，要增加資源，就得各盡所能，互相合作，怎能不相往來呢？每一個國家、每一個團體及個人都想要過美好的生活，誰得到資源呢？就得講分配原則。

現在Facebook及line的使用愈來愈發達，顯見人確實是需要更多與他人接觸的管道，老子的理想社會仍是空中樓閣，我們要處理「活在當下」的現實問題，而「愛有等差」就成為一個資源配置的重要考慮因素。

尙賢的階梯架構

二〇一七年學測分數出來後，看到一則報導「某高中魏同學憑藉苦讀，勤奮向學，拿下七十五滿級分，告慰天上的媽媽」（校名、人名省略）。在這則報導中，魏同學有三件事獲得了肯定，一是得到人人稱羨的滿級分，二是在沒有媽媽照顧的環境下，經由苦讀而獲得了成就，三則是魏同學孝親的胸懷，要好好表現以告慰媽媽。雖然學測只是人生許多考驗中的一個，但成就、努力得到收穫的過程及道德是社會所崇尙的表現，而這就是一種「尙賢」的思維。

墨家主張兼愛，倡導「尙賢」。墨子曰：「古者聖王之爲政，列德而尙賢，雖在農與工肆之人，有能則舉之。」也就是說，即使是農民或工匠，只要確有能力，就要加以提拔。所謂「英雄不怕出身低」，不論貴賤貧富，道德、智慧與能力才是能否在社會上往上爬的條件。三級貧戶的孩子如能刻苦耐勞，一步一腳印功成名就，必定成爲社會稱頌的事蹟，教育的目標也是希望學子成爲賢人。

但賢人是否一蹴可幾呢？台大教授顏學誠在二〇一四年發表的學術論文[1]中指出：「尙賢則是一種階梯架構。它建立在某種客觀的評判基礎之上，以衡量所有人的位置高低。沒有親屬關係的陌生人可以憑藉彼此在階梯架構上的位置作爲互動的準則以及資源分配的方式。」但這個客觀的評判基礎是什麼呢？學歷是一種階梯架構，名校畢業或一般學校畢業是另一種階梯架構。職業的聲望也是一種階梯架構，台東大學黃毅志教授在二〇〇三年發表的一篇報告[2]中指出，大專教師與研究人員的職業聲望是最高的，而體力工則普遍較低。

【1】顏學誠，「教育與社會秩序：解析升學主義」，教育實踐與研究，第二十七卷第一期，二〇一四年六月。

【2】黃毅志，「『臺灣地區新職業聲望與社經地位量表』之建構與評估」，教育研究集刊，第四十九輯第四期，二〇〇三年十二月。

在科舉時代，進士是大家所企求的目標，但要經過層層的考試，獲取童生、秀才、舉人、貢士的資格後，最後經過殿試，才能成爲進士。這個階梯架構是非常明確的，也讓學子的努力有了一個明確的方向。

在愛有等差的思維下，有人依同心圓的架構分配資源，但如果在同一層級呢？大多數人就依據這個尙賢階梯架構處理。有些知名公司在收到履歷表後，第一關的審查就是看申請人是哪一所學校畢業的。有些人在選擇婚姻對象時，職業聲望可能是一個重要的考慮因素。在一個人口衆多的社會中，要如何在短時間內處理陌生人間的資源分配呢？公司主管在收到幾千封履歷表時，要如何篩選呢？有可能和每一位申請者面談嗎？大學名校的申請人很多，要如何發出入學許可呢？

一個客觀明確的尙賢階梯架構可以作爲初步分配的依據，學歷、考試成績、證照、檢定、甚至修課成績都是可以參考的項目，良善具誠信的尙賢階梯架構可以讓人與人之間的處理有一個依循的方向，因此而節省許多磨合的時間。如果沒有大學排名的依據，公司主管哪能在短時間內負擔那麼多應徵者的審查呢？

但沒有一個概念或制度是完美的，在一個清楚的尙賢階梯架構裡，因爲愈上層愈難達成，要一直往上爬是很辛苦的。雖然天下沒有不勞而獲的事，但如果努力了卻總是無法達成，可能將造成長期的苦悶。在科舉時代，有人當了一輩子「秀才」，因無法出頭而抑鬱而終。

所以，老子反對尙賢的觀念，並說：「不尙賢，使民不爭，不貴難得之貨，使民不爲盜。」尙賢與貴貨可說是社會進步的動力，但也可能造成巧取與豪奪，甚而偷盜。尙賢階梯架構是否符合公義原則呢？階梯架構等於給人貼「標籤」，華人好面子，如果這個標籤是負面的，且一直無法更換，就會讓人很挫折，生活也就無從美好。

一九九七年有一部電影《千鈞一髮》（Gattaca）在美國上映，敘述在一個以「基因」爲基礎的尙賢階梯架構社會裡，一位非良好基因的年輕人如何擺脫其「天命」的枷鎖而實現其夢想的故事。任何人或事都可能有例外，一個讓社會穩定的架構可能是僵化而不容易進步的，這是尚賢階梯架構所面臨的問題，但這個現象卻眞實存在於社會中，也是維繫社會穩定的一個基礎。

尚賢階梯架構並非華人世界的獨特產物，全世界有機構（如泰晤士報、QS、美國新聞及世界報導等）每年都作世界大學或美國大學的排名，也是一個大學的階梯架構，並成爲許多學子選擇學校的重要參考。OECD的PISA排名則可視爲國家基礎教育的階梯架構，經濟發展有排名，城市發展有排名，商品也有排名。排名就是一種階梯架構，也是一個信譽指標，是社會運作的一個參考依據。

尚賢階梯架構有其社會意義，讓學子的努力有了方向，但也可能產生負面影響，如何面對與善用，是教育政策制定時要深思熟慮的。

對教育翻轉階級的期待

在幾年前的一個家長座談會上，有一位國中八年級學生的家長大力主張維持菁英高中的存在，會後我遇到她說：「你的孩子一定很傑出。」她說：「不！我孩子現在的成績不是很好，在班上成績中段，在基北區大概是PR70左右。但到了明年可能就不一樣了，他努力就有機會，而且就算進不了菁英高中，菁英高中的存在也是給他一個努力的目標。」期待孩子努力及翻身的心情溢於言表。

《孟子．滕文公章句》中有一段顏淵的話：「舜何人也？予何人也？有爲者亦若是。」《孟子．告子章句》又說：「人皆可以爲堯舜。」堯與舜是當時大家認爲的聖人、賢者，儒家認爲只要「有爲」，每一個人都可以成爲聖賢，只要努力，就有機會。這使得華人社會人人力爭上游，希望能夠「翻身」成爲聖賢。這樣的思維可能與佛教的觀念比較接近，佛教徒相信只要認眞念經修行也可能修練成佛，但基督教的思維則有所不同，「上帝是唯一眞神」，聖經讀得再熟、再了解透澈也不能成爲上帝。

那要如何有爲呢？教育是一個重要的途徑，經過教育的學習，加上自身的努力，就有可能往聖賢的路上走。即使達不到，也可以讓生活更爲美好，於是「教育翻轉階級」成爲華人社會根深柢固的觀念。孟子的一段話：「天將降大任於斯人也，必先苦其心志，勞其筋骨，餓其體膚，空乏其身，行拂亂其所爲，所以動心忍性，增益其所不能。」激勵了許多在壓力中艱苦奮力向學的學子，覺得只要能經得起考驗，就可以「鯉魚躍龍門」，一躍而爲人中之龍。這種努力向上的衝勁也就成爲社會進步的動力。

教育既然如此重要，好的學習環境與機會就成爲大家爭取的資源。兩千多年前「孟母三遷」的故事深植人心，現代也有很多「逐名校而居」的家庭。何爲「名校」？很多人慕名而想要去讀的學校就是名校。有些學校的升學表現或就業表現比較好，學生有較多的翻身機會，於是就可能成爲許多家庭嚮往的名校。在這樣的氛圍下，爭取好的教育機會，進入好的學校，成爲大多數家長及學子努力的目標，這也就衍生了「升學主義」的概念。

二〇一五年十二月，美國教育部宣布，全美高中畢業率在二〇一三～二〇一四年達到百分之八十二，創歷史新高。美國實施十二年國教，只要想讀書，都可以讀到高中畢業，但也有百分之十八的國民沒能讀完高中。美國大學林立，淨在學率卻只有五成左右，畢業率也只有接近六成，換言之，大約只有三成左右的美國人具有大學學歷。美國人似乎沒有那麼汲汲於學位的追求。

再來看台灣，在廣設大學後，大學畢業生的比例高達七成。在教育翻身思維及「面子文化」的影響下，所謂「輸人不輸陣」，總是要拿個大學畢業證書走路才有風，「升學主義」於是進化成了「文憑主義」。等到一般大學的文憑貶值了，就開始追求名校的文憑。東方與西方的民情著實不同，影響了教育政策的施行效果。

靠教育翻轉階級是目標，升學只是一個手段，而文憑則是一個表徵。有些人要打倒升學主義、文憑主義，殊不知其背後是教育翻身的民情，我們怎能阻止民眾靠教育而翻身的企圖與努力呢？

是否進入名校後就一定可以翻身呢？當然不一定，名校畢業生「小時了了，大未必佳」的故事時有所聞。每一個人的成長階段不同，有些人比較晚啓發，有些人則比較早。盲目的追求升學，卻不能帶來適才適所的生活，就失去了翻身的意義。一個眞正「三百六十行、行行出狀元」的環境令人期待，每一個孩子都可以「翻轉」到他適合的路，才是眞正理想的教育環境。名校的畢業證書只有在投遞履歷表後的第一階段或許有作用，第二階段的面試或未來的升遷還是要靠自己的能力及持續不斷的努力與表現。

對偏鄉及弱勢學子的照護

二〇〇六年大學繁星計畫打著照顧偏鄉及弱勢學生的旗號推出時，得到大家普遍的認同。雖然後來繁星推薦的訴求改爲「高中均質、區域均衡」，使得偏鄉及弱勢學生未必能受到眞正的照顧，但仍顯現出民眾對於「爲弱勢爭平等」觀念的認同。台灣原住民在參加入學考試時，原始成績在加分百分之三十五後才進入比序，也是基於這樣的理念。

世界上多個國家都提供弱勢學生特別優渥的升學機會。在美國，許多大學在選擇新生時採用「積極平權措施」（affirmative action program, AAP），名額優先給少數族裔（不包括亞裔）。有些大學在考慮偏遠地區的申請者時，會降低錄取標準。這樣的概念可以說是基於美國政治哲學家羅爾斯（John Rawls, 1921-2002）的「差異原則」：「爲社會最底層帶來利益的社經不平等措施是可以被允許的」。

富裕家庭出生的孩子可以去補習或請家教，父母也比較有時間照顧孩子。但經濟弱勢家庭的孩子則可能沒有那麼多的機會，父母可能忙於生計而疏於照顧。許多經濟弱勢家庭的孩子並不是不努力，也不是能力不好，而是因爲他們的學習條件比較差，沒有表現的機會。如果給他們機會，表現也許不可限量。這樣的作法有益於社會的進步，也是一種社會公義的展現。從另一個方向思考，因爲政府並沒能在學習的過程中照顧好每一個學生，所以，要適度給一些補償。

但積極平權措施（AAP）這個狀似不平等的措施可以順利運作嗎？一九九二年，美國有一位由單親媽媽帶大的白人女子學生Cheryl Hopwood，她家裡並不富裕，在申請德州大學法律學院時（美國的法律學院是在完成大學學位後才申請），雖然大學成績很好（GPA 3.8），全國性的法律學院學術評估測驗（LSAT）也得了高分（一百六十分），但卻沒有被錄取。當她發現有些在學成績和學術評估測驗分數都低於她的少數族裔申請人被錄取時，覺得很委屈，於是一狀告到法院，主張自己是種族歧視的受害者。

一九九六年，美國第五巡迴上訴法院宣判：任何種族的考慮，即使是多個條件中的一個，都是違憲的。於是，德州大學的積極平權措施被迫中止，Cheryl因此得以進入德州大學讀書。但在二〇〇一年，美國第九巡迴上訴法院卻針對另一個案例，同意華盛頓大學採行積極平權措施。顯然，美國不同地區的法院對於將羅爾斯的差異原則用在升學上有不同的見解，有的認爲還是要維持公平的原則。

在台灣，也有人質疑繁星推薦或原住民學生加分的公平性，但對於眞正能照顧到偏鄉及弱勢家庭學生的作法，民衆是相當認同的。立法院於二〇一七年十一月通過《偏鄉教育法》，就是希望能提升偏鄉學生的學習環境，不是只給魚吃，而是讓他們學會如何捕魚。

小結

民情是複雜且多面相的，並可能因時、空、人、事的變遷而改變，但有一個原則是不變的：教育政策的擬定必須符應民情，找到民情的節理，才能順利推動，違逆民情的教育制度必然窒礙難行。過去二十多年教改所採行的一些措施之所以會遇到很大的困難，就是因爲過於理想化而未能體察民情。有些主事者在遇到阻力時說：「家長的觀念要改」，但全台灣的家長有好幾百萬，家長的觀念就是民情的一部分，只能因應或引導，而不能作爲失敗時的藉口。

教改措施因應方略

第三章　四一〇教改——是快樂學習還是擴大落差？

在掌握了教育體系的經（價值與目標）與緯（民情）之後，接下來即可據以進行過去教育政策的檢討，並規劃可操作的策略。

簡述

一九八七年，台灣結束了長達近四十年的戒嚴時期，黨禁、報禁紛紛解除，教育改革的思潮也開始衝擊台灣教育體制。一九九四年四月十日，台大數學系黃武雄教授及人本教育基金會等數十個團體發起「四一〇教育改造」大遊行，提出四項主要訴求：落實小班小校、廣設高中大學、推動教育現代化、制定教育基本法。該活動當時獲得了許多民衆的支持，政府隨即於同年九月成立「教育改革審議委員會」，並邀請當時的中央研究院院長李遠哲擔任召集人。該委員會於一九九六年完成「教育改革總諮議報告書」。

總諮議報告書中指出：「過度管制、聯考、大班大校、小留學生、不正常教學等等，都是妨礙我國教育品質提升的負面因素。」並認爲「目前亟待積極從事改革之事項，如：祛除教育之僵化與惰性、彌補學校教育與社會需求之脫節、建立終身學習社會、增進教育機會均等、導正偏重智育的考試文化、改進課程教材與評量方式、改善多元師資培育體系、提高教育資源運用效率等。」爲解決這些問題，總諮議報告書就教育鬆綁、帶好每位學生、暢通升學管道、提升教育品質、建立終身學習社會等五大方向提出了綜合建議。其中在高等教育的鬆綁方面，主張「高等教育容量應繼續增加（研究型大學除外），高等教育學府的類型和功能宜多元化。」

在這樣的氛圍下，行政院於一九九七年成立教育改革推動小組，陸續推出多項政策，包括：多元入學方案、建構式數學、九年一貫課程、廣設高中大學等，彙整如表一。

這一系列如火如荼的教育改革希望能減輕升學壓力、帶好每位學生、提升教育品質，但成效如何呢？後來對台灣社會產生了什麼影響呢？

有「教改教父」之稱的李遠哲在二〇〇五年接受前立委李敖質詢時，公開表示：「社會對教改會期待太高，但我們沒做到，願意道歉。」到了二〇一六年《李遠哲傳》發表時，李遠哲強調「我沒主張廣設大學」，並表示二十年前行政院教改會報告書是建議增加公立大學容量，而非廣設所有大學，但前總統李登輝根本沒採納，反而放手讓教育部推動專科升格大學。

前總統李登輝則在二〇一二年接受《財訊》雜誌專訪時指出，「台灣的失業率高，追根究底是因教改失敗造成。台灣教育並未認真培養人才，職業教育即是一例。目前大學林立，卻欠缺職業學校，台灣過去的中小企業老闆大多是黑手出身，每個人都會去拼。相反的，黑手或粗重工作，現在沒人要做了。」李登輝並認爲：「李遠哲引介的美國式教育漏洞百出，他應該要負全責。德國的技職體系教育相當成功。」

兩位重量級人物對於責任歸屬有不同的看法，但有一個共識，就是教改的方向走錯了。教改發起人黃武雄在二〇一〇年發表的一篇文章「教改中的左與右」中說：「這二十多年教改是成是敗？成了什麼？（例如立法禁止體罰、教師的自主性提高了、學生的自由度增加了、教育基本法也通過了）敗了什麼？（例如升學壓力依然沈重、學生心智沒有普遍得到釋放、獨立思考不被重視、創造力仍被壓縮、多元入學變成增加低收入戶的負擔）」又說：「『大學由私人依市場機能設置，且以技職校院爲主』的路線已經確立。……這項大量升格私立專科的灌水政策一旦啟動，想再回頭解決升學供需的結構問題已經無望，此因一、兩百所的私校一旦下了大筆投資，數萬人的生計與投資者的利

表一 近二十年來重要教育改革措施

項次	項目	說明	備註
1	廣設高中大學	1994年：高中職402所，大學校院58所； 2016年：高中職506所，大學校院154所	
2	建構式數學	「……養成主動地從自己經驗中，『建構與理解』數學的概念」	1999年開辦；2003年停辦
3	國中畢業生自願就學方案	以國中在校期間五育評量的成績爲依據，學生畢業後依照自願分發至高中、高職或五專	1990年開辦；2002年停辦
4	九年一貫課程	以「七大學習領域」取代過去的分科學習	2001年實施
5	開放教科書市場	廢統編教科書，開放民營化，採一綱多本，減少一元化的單一標準，希望藉由市場自由競爭，改善教科書品質	
6	取消聯考，採多元入學方案	高中職： 1.免試入學；2.特色招生 大學： 1.繁星推薦；2.個人申請；3.考試分發入學	大學聯考於2002年停止辦理
7	高中職社區化	整合社區教育資源，建立具競爭力之後期中等教育機構，並推動學生就近入學	意圖淡化明星高中
8	師資培育	改變過去師範生公費制度，師資培育改採「儲備制」，以自費爲主，且一般大學均可以申請教育學程，進行師資培育	1994年2月7日公告《師資培育法》
9	設立綜合高中	高級中學同時開設普通課程及若干職業課程	2001年起實施
10	十二年國教	國民教育延長爲十二年 入學方式： 1.免試入學（超額比序時參採會考成績）；2.特色招生（採計特色招生考試成績）	2013年6月27日立法院通過《高級中等教育法》

潤，從此與教改掛勾，變成尾大不掉。教改貿然跨過了不歸點（point of no return），再也難以起死回生。」

黃武雄教授語重心長的評論令人感慨，究竟是執行面出了問題？還是基本的出發點就錯了呢？

評析

建構式數學之所以在實施四年後就停辦，主要的原因是發現國小六年級學生的數學表現有逐年低落的狀況。一般而言，教育措施的影響大約需要十到二十年才會顯現在產業及社會發展上。最近幾年，我們的社會遇到了什麼狀況呢？

◆雖然台灣的人均GDP仍有成長，但平均實質薪資在二〇〇七～二〇一六的十年中，平均年成長僅百分之零點一。

◆二〇一二年，新加坡副總理尚達曼在一場演講中提到，台灣人才流失但又阻止外來人才進入，正面臨國民平均收入下降的情況，要新加坡引以爲鑑。

◆依據二〇一四年《今周刊》的調查，高達百分之六十三的年輕人（二十一～三十五歲）覺得自己會比父母輩過得差。年輕人最深層的憂慮則是低薪（百分之八十）、高房價（百分之六十九）、失業（百分之三十五）。高達八成的年輕人認爲台灣目前的大環境對他們並不公平，還有六成五的年輕人認爲這個狀況不但很難好轉，而且還會更糟。

◆台灣學用落差問題嚴重，產業找不到人，畢業找不到事。

◆依據二〇一七年《Yahoo奇摩新聞》的調查，網友不滿意自己目前的薪水比例高達百分之六十六點二。

◆依據二〇一七年1111人力銀行針對二十一～三十歲該人力銀行會員的調查，高達九成五的受訪者不滿意目前的職場生態，其中二成更感到「非常不滿意」，以一～十分評量，青年整體苦悶指數高達六點九分，最悶的是薪水低、工時長以及沒機會。

教育是為了促進美好的生活，但以上的觀察顯示，當年教育改造的目標並沒有達成，雖然造成台灣現況的原因很多，但教育是影響最深遠的。教改究竟出了什麼問題？二〇〇八年馬英九先生競逐總統大位時，教育政策綱領中的第一項就是「檢討教改成效，擘劃教育藍圖」，承諾組成「教改檢討委員會」，「以就事論事的態度，檢討教改成效，儘速修訂不當之政策」。但上任後不但沒有兌現檢討教改的政見，反而為了歷史定位而大力推動「十二年國教」，使得教改的問題始終未能誠實面對。

《韓非子》中有一則「畫鬼最易」的故事，敘述戰國時期有一位畫家為齊王作畫，齊王問他：「畫什麼東西最難？」畫家說：「狗、馬最難。」再問：「畫什麼東西最容易？」畫家說：「鬼魅最易。大家都看過狗、馬，要畫得很像不容易。但鬼魅是沒有具體形象的，不會出現在人們的面前，畫起來就很容易了。」教改的理念立意良善，很容易勾勒美好的願景，但如果沒有全盤的考量，反而顧此失彼，那就必須好好檢討並調整了。

一、廣設大學造成學歷貶值

四一〇教改要教育鬆綁，各項教育政策就在「減輕壓力、快樂學習」的大旗下推動。為了減輕升大學的壓力，解決大學僧多粥少的問題，於是廣設大學，台灣的大學數量從原本的四十多所，暴增到一五四所（二〇一六年）。相較於台灣人口數，台灣的大學數量之多，讓全世界刮目相看，錄取率更已接近百分之百，高等教育的淨在學率超過七成。但同樣地，補習班的家數也從二〇〇一年的五千多家，暴增到二〇一六年的一萬八千多家，可謂同步成長。教改實施後，國民的整體學歷是提高了，但大學生的素質似乎沒有隨之提升，顯示教改人才培育政策的失敗。廣設大學造成學歷貶值，破壞了原有的社會尙賢階梯架構。

教育要能促進社會共同的生活，大學畢業生人數太多（同年齡人口中超過七成），但企業界所需要的大學程度員工不到四成，於是產生了嚴重的學用落差問題（參閱第六章），產業找不到人，畢業找不到事。那學生的壓力減輕了嗎？由補習班數目大幅增加的狀況顯示，學生的壓力只有更大。教改原本的目標沒有達成，卻又解構了原本良善的社會運作方式。

二、技職教育弱化

在廣設大學政策的大旗下，二〇〇〇年前後有六十多所專科學校升格爲技術學院或科技大學，爲了滿足大學教師獲得博士學位比例的要求，許多講師以兼職方式讀博士。學校成爲大學之後，老師就要順應《大學法》中以「研究學術」爲宗旨的教育環境，當然就要有學術論文的產出，要升等也要看論文。於是，有些技術能力很強的技師因爲無法升等而離開，很多老師爲了寫學術論文而疏離了技術，導致技職體系的弱化（參閱第七章）。

在另一方面，由於民情仍認爲讀大學是一個翻身的途徑，在大學名額大幅增加的情況下，許多高職生也都想要讀大學。據統計，全國有超過八成的高職畢業生選擇繼續讀大學。爲了滿足學生升學的需求，要多教一些升學考試的學科，於是高職的實習課大幅減少或被挪用，校外產學合作的機會也縮水。學校教育逐漸與產業脫節，技職教育體系因而未能充分培育出產業界所需的人才。

三、平均化思維導致平庸化

教改的一個主要任務爲「增進教育機會均等」，讓每一個孩子都有均等的受教育機會是大家都認同的，但如果被操作爲「增進教育方式均等」，使得每一個孩子都要接受一樣的教育，那就違背了「因材施教」的原則，平均化思維甚至可能導致平庸化。

「他山之石，可以攻錯」。日本在一九八〇年代開始強調國民教育的起點平等與機會均等，對於公立學校的教學與經營施以一致形式的要求，爲了給學生提供寬鬆氛圍以培養其生存能力、創新能力，於一九九〇年代實施寬鬆教育（A Margin for Education），減少學生授課時數與學習內容，解構公立菁英高中，提出「放鬆和充實」、「放鬆和滋潤」的口號，甚至爲了減輕學生學習的壓力，將圓周率改爲三（而非一般所學的三點一四）。

實施結果如何呢？二〇〇四年各項國際學生學習評量（PISA, TIMSS）結果顯示，日本學生的表現有落後的現象，而東京大學等許多名校的錄取生中有百分之八十五爲私立高中畢業的學生。有日本學者將此一現象歸因於寬鬆教育，日本政府教育改革委員會於是在二〇〇七年修改當時日本中小學校執行的寬鬆教育政策。由於在調整方向後，發現學生的程度確實有所回升，文部科學省乃於二〇一六年發布了新的「學習指導要領」，將於二〇二〇年起在小中高學校依次實施，大量增加了學校課程的時間和內容，正式告別「寬鬆教育」（參見附錄二）。

不但課程內容增加了，日本也陸續恢復公立菁英高中的設置。爲堅持「能實現來自貧困家庭也能讀取最高學府的願望，是公家機關的責任」，橫濱市政府於二〇〇九年耗資一億美金設立一所菁英學校——科學尖端高中，解構公立菁英高中的政策也宣告轉彎。

日本寬鬆教育後的社會狀況如何呢？日本觀察家黎建南在二〇一二年評論到：日本現在大多數青年是四不一沒有：「工作不穩定、買房不敢想、結婚不容易、生子不可能，當然，沒有希望。」這樣生活不美好的現象是否與寬鬆教育的實施有關呢？

韓國在一九七四年開始推動平均化教育，消滅明星高中，但到了接近二〇〇〇年時發覺不利於國家發展，於是在二〇〇二年通過《英才教育振興法》，重新規劃明星高中，釜山並設立了「諾貝爾高中」，以培育諾貝爾獎得主爲目標。現在韓國除了普通高中外，還有特殊目的高中（學術傾向）、特殊化高中（卡通、動畫、餐飲等）、自主高中（高自主性）、Meister高中（高技術製造技能）等（參見附錄三），澈底揚棄了平均化教育政策。

英國從一九六○年代開始實施平均化教育，逐步廢止公立菁英中學（grammar schools），但在實施五十七年後的二○一七年三月，宣布恢復公立菁英中學的設置，學生須透過考試篩選才能進入就讀，正式終止了平均化教育政策。爲何做這樣的改變呢？主要是因爲英國發現學區免試入學制度並未能眞正促成教育機會的平等，消滅了公立菁英中學，但助長了私立菁英中學，並由少數富裕的私校畢業生壟斷高教資源，進而掌握國家權力，卻因不能體察民情而執政失當，對國家造成嚴重的傷害。英國因而改弦易轍，那我們台灣呢？難道要重蹈覆轍嗎？

何爲菁英？一個社會要能「行行出狀元」，也就是要有餐飲、電玩、珠寶鑑識、會計、醫師、律師等各行各業的菁英，那才是一個多元發展的環境，而學術菁英是其中的一種，消滅公共學術菁英成長環境的意圖不符合國家及社會的需要。人有目標就有需求，但資源有限，就必定有競爭。以平均化的手段來減輕升學壓力，可能將因沒有特殊的發展機會而導致平庸化。做好適性分流，並讓學生在教育的過程中學會如何面對適度的壓力，進入社會後才能適應工作與生活上的壓力。

四、補教業大行其道

聯考時代的一九九○年，補習班的家數大約一千多家，到了大學多元入學正式實施的第一年（二○○二年），補習班家數增加到五千多家，二○一七年則暴增到一萬八千多家，數量比超商的數目（約一萬家）還多！二○一五年，在一個十二年國教人才培育的座談會上，有出席委員估計台灣一年補教業的產值約爲三千億，相當於全國教育總經費（約四千六百億）的六成。另依照資策會在二○一三年的保守估計，台灣補教產業年產值約一千五百億，而二○一七年的補習班的家數比二○一三年又多了二千家，產値當更高，即使保守，也占全國教育總經費的四成左右。另有報導指出，南韓補得更兇，補教業的產値約爲該國教育總經費的八成。南韓自一九七四年推動平均化教育，補習風氣卻更爲昌盛。原因何在？

爲何有那麼多家長要送孩子去補習呢？當然是覺得在學校學得不夠，那爲何不夠呢？常態編班的平均化教育是一個原因，因爲常態編班係採依智力測驗的成績做S型編班，強制讓每一班都有不同程度的學生，那老師要怎麼教呢？爲了讓多數的學生聽得懂，老師的重心可能是放在程度中段的學生，特別難的或簡單的都講得比較少。於是，程度好的學生因爲學的不夠而去補習，程度差的學生因爲聽不懂而去補習，程度中段的學生看到前面、後面都去了，擔心自己落於人後，就也去補習了。

《國民教育法》規定：「國民小學及國民中學各年級應實施常態編班；爲兼顧學生適性發展之需要，得實施分組學習。」但因爲種種原因，分組學習沒有辦法落實，讓學生適性發展或因材施教的理念也就無法被兼顧了。爲解決這個問題，宜蘭在二〇一四年開始推行「兩班三組」（兩班學生的英文、數學依程度分三組）的教學模式，成效不錯，家長反映很好。台北市也有幾所國中試辦，並強調三組中的一組學生約十人，安排積極的老師進行課間補救教學，同時解決了課後補救教學成效不佳的問題。

有人擔心分組會被貼標籤，但學習效果是最重要的，相較於「被貼標籤」，家長更擔心「被放棄」，寧可在學習的階段有一點壓力，總比畢業後因「無一技之長」而被貼一輩子的標籤來得好。如同第二章民情中所言，尙賢階梯架構維繫了社會的穩定，也提供了學子進步的空間。如果能讓教學認眞的老師來帶進度較慢的組，有效的學習將使分組教學的問題獲得解決。

如果分組學習能落實，補習的人數當會減少。如果能再推動選修制度（取代分班制度），每一位學生能依自己的狀況選擇適合的課程，才能眞正做到適性學習。

補教業興盛的一個背景因素當然是升學主義的盛行，但升學主義的源頭爲教育翻身，而透過教育來翻身是許多學生及家長的期待，除非我們可以提供其他社會可以接受的公平翻身管道，我們怎能期待家長及學生改變觀念呢？升學主義只能在做好疏導分流後淡化，而不可能被消滅。

有人說，現在大學入學管道多元了，不那麼看重考試的成績，考試的壓力減輕了，補習的需求應該也就會降低。但事實顯然不是如此，考試其實不是壓力的來源，升學的壓力才是重點。申請入學要面試，就有訓練面試技巧的補習班（升學顧問）。如果升學要看競賽表現，坊間就會出現各種才藝的補習班。如果升學要看關係，就可能會有人拿關係來賣錢或得利。

現行大學入學制度所導致的學習不完整問題，更刺激了補習的需求。因爲學測只要考高一及高二的範圍，使得高三上課時主要在複習，高三的內容講授得不多，學生如果要學就只有到補習班。因爲學測不適性，每一個學生都要考十科，文法傾向的學生要去補物理、化學，理工傾向的學生也要加強地理、歷史。等到上了大學，很多學生擔心跟不上，於是就出現了大一微積分的補習班。

在高中階段，很多學校已有多采多姿的社團活動，可以讓學生有機會探索自我及學習與人相處，但這些活動多在晚間進行，很多學生因爲要去補習，而沒有辦法參加。補習班確實可能占據了孩子探索及交朋友的時間，讓孩子少了適性探索的機會。但因爲升學名額（資源）有限，就有競爭，補習可以增強學生的競爭力，使學生有更多未來進路的選擇機會，與趣與性向更有發展的空間，於是學生及家長仍趨之若鶩。

補習班大行其道對於弱勢家庭的孩子是最不利的，如果沒有辦法在學校學習到適合程度的內容，又沒有錢去補習，孩子的人生將是黯淡的。怎麼辦呢？我們要從建置良好的適性教育環境著手，充分發揮學校教育的功能，讓每一個孩子都能在學校受到良好適性的教育，就可以減少到外面補習的時間，將時間運用在自我探索或人際、合作的學習上。

如果學校環境的改善尙不符需求，可考慮提供給低收入戶孩子教育基金，使其有機會尋求更適合的學習管道，以提高學習效果。

五、快樂學習恐擴大落差

如果教育方式過於寬鬆，對於學習動機強、已找到學習方向、家庭社經地位高的孩子，確實可以提供更大的揮灑空間。但對於學習動機不夠強、尚未找到學習方向、或是家庭社經地位不高、父母忙於生計而疏於照顧的孩子，則很容易造成學習怠惰。於是，學習的落差恐將因教育制度的寬鬆而擴大。

類似的狀況也發生在處理經濟的問題上，因爲人的能力天生不同，而資源是有限的，在經濟完全自由化之後，能力強的人有更大的發揮空間，能力弱的人則將落後更多，於是貧富差距愈來愈大，因而造成資本主義貧富不均的問題，並引發社會的不安。如果富人因貪念而壓迫窮人，社會將因而動盪，甚至引起革命。也就是這個因素，現在多數國家都已揚棄資本主義，而朝社會福利國家的方向調整。

教改爲了減輕學習的壓力，於是教科書愈來愈薄，但參考書愈來愈厚；爲了降低進入明星高中的壓力，於是推動均質化教育，要淡化明星高中。這樣的思維延續到十二年國教的政策，於是成績要模糊，不要分分計較。

從OECD所做的調查顯示，台灣十五歲學生的平均表現雖然優秀，但學習表現的落差卻是逐漸加大，以數學爲例，台灣學生二〇〇六年PISA表現的標準差（代表分布範圍的大小）爲一百零三，排名世界第三，二〇〇九年標準差一百零五，已成爲世界第一，二〇一二年更擴大到一百一十六。顯然，過去二十年教改「減輕壓力、快樂學習」的理念已擴大了學習的落差。如果因而演變成社會階級落差的擴大，台灣社會階級僵化的問題將愈形嚴重，而社會也將更爲不穩定，那要如何過美好生活呢？近幾年社會上發生多起隨機殺人的案件已透露出一些跡象，值得警惕。

對策

一、教育政策要適社會的性

在四川成都的諸葛武侯祠掛了一幅對聯：「能攻心則反側自消，從古知兵非好戰；不審勢即寬嚴皆誤，後來治蜀要深思。」如果用在教育政策的研擬及推動上，「攻心」就是要了解民情，「審勢」則是要審時度勢，不能盲動。

教育制度的規劃要符應民情，才能順利推動。但民情是動態的，所謂「水能載舟，亦能覆舟」，所以，政府要常常探訪民情，再據以擬定教育政策。如果大多數人民都抱持著「教育翻身」、「關係主義」的思維，教育制度就須因應情勢，並從善導引，要能適應社會的性。

那要如何了解民情呢？家長是教育政策施行最直接的利害關係人，教育政策對於學生的好或不好，家長的感覺最強烈，家長意見自然是最需要了解的。但全國有好幾百萬名家長，要如何整合家長的意見呢？

十二年國教政策在二〇一一年宣布實施時，高中職免試入學超額比序在比不出來的時候採抽籤方式決定，這樣的作法立即引發許多家長的不安，並共同組成了「國教行動聯盟」，持續向政府反映。為了確實掌握家長的想法，台灣大學公共政策與法律研究中心（以下簡稱台大政法中心）於二〇一三年四月辦理基北區家長論壇，以隨機抽籤的方式選出家長做意見調查，並邀請家長參加論壇，採「審議式民主」的程序了解到大多數家長不認同抽籤，並立即向政府反映。政府於是尊重民意，刪除了抽籤決定升學進路的作法，將三等第的會考評分增為三等第四標示，以解決超額比序的問題。這是一個符應民情修改入學制度的案例，值得重視並推廣[1]。

也許有人會說，當初四一〇教改是由一九九四年四月十日的遊行所啓動的，那不也是符應民情嗎？那爲何會失敗呢？這裡要強調的是，有理念的遊行未必就是民情，如果沒有深度的探查、系統化的思維，那可能是一種過度激情的「民粹」，而不是眞正的「民情」。以廣設大學政策爲例，台灣出生人口數從一九八一年的四十一萬一路減少到一九九四年的三十二萬，再減少到二〇〇一年的二十六萬，少子化的問題在二〇〇〇年已然浮現，但台灣的大學數目卻一路增加，到現在尾大不掉，得反過來裁撤大學，廣設大學可以說就是一個以「民粹」爲本、執行偏差的錯誤教育政策。

教育是國家的百年大計，一旦走錯將影響深遠，教育政策要有系統化的考量，以避免爲「民粹」所誤導。

二、教育政策要適學生的性

每一個孩子的特質不同，各有不同的強勢智能，教育要讓各種不同性向、興趣、能力、個性、文化背景的學生都有適合的學習環境與升學管道，也就是要適性，才能眞正「成就每一個孩子」。

在廣設大學前，學生的分流機制尚稱適性，學術傾向的學生上高中，然後一部分上大學、一部分轉技職或就業；技藝傾向的學生則上高職或五專，之後可進二專或三專。那要如何決定學生的傾向呢？聯考的科目是國文、英文、數學、社會、自然等基本學科，可以說是用來判別一個人是否適合走學術路線的測驗，如果成績不理想，可能就表示不適合走學術路線，但走技藝路線仍是一條康莊大

[1] 朱雲鵬、王立昇、吳中書、鄭睿合、吳建忠，《理想國的磚塊：當盲目民粹遇到審議民主》，五南圖書出版公司，二〇一七。

道，也有很大的發揮空間。

據統計，過去有七成的上市公司老闆是技職體系出身的。但可惜的是，「聯考成績不好代表能力不好」的刻板印象讓許多學生陷入聯考的恐懼與過當壓力中，影響其人格發展。爲了減輕這個壓力而廣設高中與大學，但在高中與大學增多了之後，許多原本不適合走學術路線的國中生進入普通高中，不適合學術發展的高職生在畢業後直接進入大學，大學的學習又強調基礎學科，這要讓學生如何適性發展呢？從這個角度檢討，廣設高中與大學政策實已違反了適性原則。

要讓技職體系的學生學有專精，畢業後有好的出路，眞正做到行行出狀元，才是正本清源之道，也才符合適性原則。如何提振技職教育？本書第七章有深入的論述。

除了技藝或學術的兩大方向，在語文、數理邏輯、音樂、空間、肢體、內省、人際、自然觀察等八大智能中，每一個孩子都有其特有的智能及發展方向，能激發學生學習的熱情並適性發展爲首要的教學目標，有了熱情，再辛苦的努力亦可甘之如飴，考試與挑戰都成爲追求更長久快樂的過程。

每一個孩子的學習狀況都是動態的，適性教育就是要尊重學生的特質，來規劃最佳的學習環境（詳述於第八章）。我們希望孩子能及早進行適性探索，找到自己的強項；學校依據學生的需要提供適性課程，老師做好適性教學，學生可以在一個良好的適性分流學制中，依照自己的進度適性學習，畢業後得以開展適性職涯。如能做到，杜威所言教育這艘「從嬰兒時期渡到成人時期的擺渡船」就可以駛得又穩又快。

三、教育政策要降低「關係主義」的負面影響

在有限資源的條件下，爲了讓每一個孩子都有相同的翻身機會，教育資源的分配就要降低「關係主義」的負面影響，使「沒關係也眞的沒關係」，避免人性的不當操作。

「關係」是相對的，誰有把握自己的關係是最有力的呢？爲了避免「比關係」造成的階級固

化，公平的入學考試制度有其必要性。大考要設闈場、考試時要有監考官、作文考卷要彌封考生姓名，都是爲了要做到公平，讓沒有關係或關係不夠的考生有同樣的翻身機會。因此，如果沒有更公平的入學機制而貿然取消升學考試，將使得升學成爲關係、運氣、或財富的角力場，必將引發民怨，並因階級不能順暢流動而影響社會安定。

固然考試是公平的，但有些能力可能是筆試考不出來的。如果考題過於僵化，考試壓力過當也可能會影響孩子的學習，讓有些孩子失去教育翻身的機會。所以，我們可以提供若干比例甄選入學的機會，但一定要努力做到公平，比例則依民情而定。

好的入學制度要能選出眞正適合的人才，做到眞公平，不能讓關係或人性有不當的運作空間。

四、做好師資培育

在一九九四年《師資培育法》修正通過後，不只是師範專科院校，台灣各大學的學生只要修過教育學程，通過教師資格考試，就可以取得教師證，再經過遴選後，即可在學校教書。有人認爲，這樣在甄選教師時就有更多的人選，將可提高師資的水準。孰料實施之後，因爲流浪教師太多，工作沒有了保障，有些資質好的學生反而望而卻步。現在老師的整體素質已不如過去師專或師範體系訓練出來的整齊，有的很好，有的可能就不適合當老師。

芬蘭是一個公認教育改革成功的國家，在其成功的因素中，師資培育制度的改革是非常關鍵的。芬蘭在大約一九七四年開始進行師資的調整，一九七九年通過了新的師資培育方案，規定中小學教職的應試者必須擁有等同於其他學術領域水準的教育碩士學位，才具備終身任教的資格。芬蘭培育老師的人數也是有計畫的，政府主持的教師需求推估計畫（anticipatory project）定期進行師資生培育數量的推估，作爲擬定師資培育政策的參考[2]。

芬蘭學生成爲師資培育生的來源有二：一是大學畢業後申請師資培育課程，取得教育碩士學位；二是高中畢業後，在申請大學科系的同時申請成爲師培生，直接在五年完成碩士學位。老師的待遇很好，也受到社會的尊重。《芬蘭教育這樣改》[3]一書中提到，在芬蘭，教師經常獲選爲最受推崇的職業，甚至勝於醫師、建築師與律師，成爲人人心中的夢幻職業，每年只有大約十分之一的人能進入師資培育學程。這樣訓練出來的老師有熱情、有能力，於是吸引了優秀的學生選擇進入教育學院。高水準的老師才能培育出好的學生，也才能在多次教育改革中調整教學方式，從而促成了芬蘭多次教育改革的成功。

回頭再看台灣，師資培育管道解構後，並未有好的把關機制，於是老師素質的差異性增大，不適任教師愈來愈多。這個問題的解決要從源頭做起，新的師資培育制度亟待重行建構，教師培育的速度與規模要依據需求訂定，要提高老師的待遇與福利，激發老師的教學熱誠，使得優秀的、有教育理念的學生願意投入教職，那才是長治久安之道。

孩子的學習不能重來。在師資培育新制尚未推動前，我們不能任由不適任的老師耽誤了孩子的學習。我們有必要進行教育現場老師的教師評鑑，好的老師給予鼓勵，不稱職的老師加強培訓，完全不適任的老師則請其離開教育現場。當然，教師評鑑必須要做到公平及有效，不能任由不當的教師評鑑影響老師的工作權與教學的士氣。

---

[2] 王麗雲、徐銘璟，「芬蘭師培特色對臺灣師資培育之啟示」，教育實踐與研究，第二十八卷第一期，一六七～二〇六，二〇一五年六月。

[3] Pasi Sahlberg, "Finnish Lessons"《芬蘭教育這樣改》，林曉欽譯，二〇一三年。

五、不要將考試評量視爲洪水猛獸

二〇一二年，當時的教育部長蔣偉寧在回應李家同教授倡議恢復基測時表示，傳統以考試取才的政策，已不足以因應未來人才培育的需求。蔣前部長的言下之意是，考試取才已不符合時代需求。眞的是這樣嗎？時代一直在變，考試取才的做法在中國已延續幾千年，考試院的設立就是爲了建立公平的文官選拔機制。法國在一七九〇年代大革命後爲解決貴族壟斷教育資源的問題，亦參考中國的制度而採取高等學院考試入學的方式，並沿用迄今。究竟考試或評量的本質是什麼呢？

二〇一三年，朋友的國九兒子回家向他爸爸說：「爸！還好你們早生我一年，還可以考基測進好的學校，如果我晚生一年就慘了，不知道要怎麼辦？現在七年級的學弟妹都不讀書了。」十二年國教的免試入學方案究竟對孩子的學習是福是禍？值得深思。

美國籃球好手林書豪之所以能風靡全球，當然是因爲他在籃球比賽中頻創佳績。如果林書豪還是預備隊員，沒機會上場比賽，如何能成爲「豪小子」呢？知名的麵包師傅吳寶春也是因爲在法國贏得世界麵包冠軍，才能如此受人矚目。

人生在世，必會面臨許多考驗與試煉，是無法也不需要迴避各種比賽與評比的，如能正向地將各種比賽或評比視爲表現的機會，則人的一生將更爲豐富而充實。台積電創辦人張忠謀就說：「嚴峻挑戰的後面是美好的未來。」同樣地，學生在學校學習，各類評量或考試就提供了表現或成長的舞台。

評量可以有多種形式：紙筆測驗、口試、報告等。性質可以是形成性（formative）的，老師藉由評量，觀察學生表現，再施以適合之教學方式，反覆爲之，達到教學效果。評量也可以是總結性（summative）的，老師依據評量結果評斷學生修課表現，給予成績；學校依據入學考試結果，評定是否適合入學；政府則依據高普考來選取適當人才。

總結性評量具有決定性，自然會產生較大的壓力。但所謂「不經一番寒徹骨，哪得梅花撲鼻香」，人的潛能較容易在適度的壓力下被激發出來。經過壓力測試，常常可以鍛鍊出更精進的能力與更堅強的意志，總結性評量也就提供了學生成長的平台。

在力學的理論中，作用力與反作用力相應而生。在學習的過程中，與評量或考試壓力伴隨而來的，常常就是成長的動力。但壓力也不能太大，如果超過能負荷的極限，造成彈性疲乏，將導致學習的無力感。那要如何界定負荷的臨界點呢？關鍵在於是否有動機或目標。動機愈強，可負荷的壓力極限就愈大，甚而是在期待評量機會的到來。

我們不要將考試視爲洪水猛獸，而要將其視爲一公平的選材機制，據以客觀地判斷考生未來學習方向的適合度。我們要加快腳步，致力於學校、課程與教學的改革，啓動適性輔導機制、實施適性教育，讓孩子有學習的動機與熱情，找到學習的方向，那才是減輕過度壓力的王道。如果有一天，學生都將評量視爲表現或成長的機會，躍躍欲試，或許他不會天天快樂，但一定會享受到成長的喜悅與果實，那教育政策就大功告成了。

有人說，考試不是唯一的入學標準，應該要檢測學生解決問題的能力。那要如何檢測考生解決問題的能力呢？考試題目不就是由問題組成的嗎？考試的方式與題目可以調整，考題要避免生硬僵化的背誦題目，而要能評量出學生的素質與潛能，也就是解決問題的能力。

美國史丹福大學數學系教授波里亞（G. Polya, 1887-1985）在一九四五年出了一本名爲《怎樣解題》（How to solve it）的書，提出解決數學問題的四個步驟：(1)了解問題：未知數是什麼？已知數是什麼？條件是什麼？條件可以分解嗎？過去有解過類似問題嗎？(2)擬訂計畫：未知數和已知數的關係是什麼？有什麼相關的題目？能不能將問題分解成數個小問題？可以重組問題嗎？可以先解決相關且簡單的問題嗎？(3)執行計畫：按計畫操作，確定每一個步驟都是正確的；(4)驗算與延伸：驗算答案，檢驗論證過程，可以用不同的方法得出相同的答案嗎？

以上步驟不就是我們日常生活中解決問題的策略嗎？如果數學考科的題目能讓學生展現處理上述四個步驟的能力，不也就是在檢測學生解決問題的能力嗎？

六、適度壓力、熱情學習

依據行政院公布的數字，二〇一六年台灣往海外就業的專業人才達到七十二點四萬人，而外國到台灣的只有二到三萬人，人才逆差嚴重。為何會如此呢？台灣的年輕人長期處在低薪的環境中，當然會想要出去闖闖。如果去國外學習後將經驗帶回國內，那也許可以促進台灣的進步。但如果出去了以後找不到回家的路，那就是台灣的損失了。

人們都期待能在一個進步的社會中生活，也都希望能透過教育而翻身。但人活在這個宇宙中，就面臨時間與環境的壓力。因爲資源有限，所以，競爭不可避免，教育制度的規劃要能讓學生提高其素養及競爭力，從而做好未來生活的準備。適度的壓力可以抑制「懈怠、慳吝」的傾向以及惡念，如果考試壓力解除了，卻沒有適當地激發孩子學習的熱情，因而造成學習怠惰，要如何面臨人生的挑戰呢？

李家同教授創辦的博幼基金會長期輔導偏鄉弱勢的孩子，成效良好。該基金會執行長在二〇一五年的一個適性教育論壇上說，要引發孩子學習熱情最有效的方法就是讓他們有成就感。另有一位在新竹偏鄉服務的老師則說，偏鄉弱勢的孩子不需要同情，他們需要的是「嚴厲的幫助」。我們要協助孩子找出自己的興趣與學習方向，只要有熱情，再大的壓力都甘之如飴。我們要提供多元且適合的學習環境，讓孩子在「一分耕耘、一分收獲」的學習成就感中成長茁壯。急就章的減輕壓力是糖衣式的快樂學習，只會讓孩子在步入社會時，發現自己失去了競爭力！

適度的壓力是成長的動力。「減輕壓力、快樂學習」的教改已走過頭，必須要回頭了。我們要往「適度壓力、熱情學習」的方向調整，才能規劃出眞適性、促進共同美好生活的教育制度。我們希望孩子都能「樂於學習」，但那不是在沒有目標的情況下學習，而是要讓孩子能找到學習的熱情與方向。

有了學習動機之後，再困難的險阻也能超越，再大的壓力也能克服，並轉為自我表現的機會。我們所追求的，應該是完成大任之後的喜悅與快樂，而不是吃鴉片的快感。如能眞的讓孩子找到興趣與性向，那孩子們就會自我要求，努力向前衝，而潛能也會因而激發出來，並創造台灣未來無限的可能與希望。

七、決策前要作系統性研析

前教育部長吳思華於二〇一六年預警：十年後流浪博士比流浪教師還多。看到這則訊息，一則以喜，一則以憂。喜的是一向自我感覺良好、認為教育政策執行績效佳的教育部，總算要處理這個嚴重的學用落差問題；憂的是，如果不好好進行系統性研析，不但問題無法解決，可能還將衍生更嚴重的人力運用問題。

何為系統性研析？教育系統的本質是第一章所述的經緯及脈絡，主要的參與者是學生、家長、校長、教師、行政人員，而外在環境的影響則來自社會及產業。我們首先要了解系統內部成員的狀況及其相互關係，其次要探討內部與外部環境的交互作用，有了整體性的認知後，據以分析系統內部條件的改變（政策）與外部環境的互動及其效益，確認是否符合教育目標，這就是系統研析的工作。

以廣設大學的教育政策為例，當初的想法是要減輕學生的壓力，讓孩子可以快樂學習。因為大家都想讀大學而大學的門太窄了，於是就大幅增加大學生的人數（現在已達同年齡人口數的七成）。前教育部次長陳德華在一次訪問中提到，當初沒料到有「少子化」的現象，這就是沒有做好系統分析的問題所在。在這個影響深遠的政策形成過程中，未能掌握到學生人數的變化。政策推動時也沒有考慮到整體社會的需求及產業界是否能安置如此多的高學歷求職者等問題，於是造成了嚴重的學用落差現象。

這樣只有單面向思考而缺乏系統性評估的作法，導致了廣設大學政策的失敗，於是前教育部長吳思華在二〇一五年聲稱要在未來五年內將大學數目從約一百六十所減少到一百所，但這樣貿然推出的政策可能又會重蹈覆轍。過去很多的私立專科學校爲了配合國家政策，投入人力、物力而升格爲大學，許多教授也是在這樣的環境下安身立命，現在有約六十所大學面臨轉型的命運，大約有一萬四千位教育專業人員得換跑道或失業，眞是情何以堪？大學退場的政策要如何順利完成呢？如果沒有經過系統性的研究及做好完善的規劃，這個政策必將面臨嚴重的考驗。

潛在的教授失業問題還沒有解決，現在又要處理流浪博士的問題。前教育部長蔣偉寧在二〇一四年回答「未來台灣博士培育量究竟該減還是增？」的問題時表示，「會維持每年三千五百人左右的規模，情願稍微多一點，人才不夠比較嚴重。」蔣前部長的話言猶在耳，但教育部在二〇一五年改口說，「廣設研究所」的政策使得未來每年將有約三千位博士找不到工作，十年後「流浪博士」將逾三萬人。不到一年的時間就大轉彎，究竟這個系統的眞實狀況是如何呢？博士級人才的培育關係到國家研究發展的前景與產業的升級，但如果產業界沒有那麼多博士級研究人員的需求，教職更是在裁撤大學之後一位難求，那博士畢業後要何去何從呢？

過去教改的沉痛經驗告訴我們，教育政策絕不能在未準備好時就上路，不能「先有再求好」，不能大幅度的滾動式修正。必須做好系統性研析，完整掌握教育系統的全貌，國家教育政策才能穩健地規劃與推行，具體作法詳述於第九章。

第四章 十二年國教——是成就孩子還是延誤學習？

十二年國教延續過去二十年的教改方向，但因爲沒有周全地考慮台灣的民情與人性，於是第一年（二〇一四年）執行就荒腔走板，造成了許多家長及學生的焦慮與不安，連志願都不知該怎麼填，許多家長及學生至今仍餘悸猶存，究竟發生了什麼事呢？

簡述

早在一九八三年，教育部就研擬了「延長以職業教育爲主的國民教育」計畫，開啓延長國民教育到十二年的規劃。之後歷經十位教育部長，總因爲規劃不夠周延、遭遇許多反對聲浪和財務困窘等因素而未能正式實施。二〇〇六年，教育部成立十二年國民基本教育規劃工作小組及專案辦公室，當時的行政院長蘇貞昌並責成政務委員林萬億組成跨部會政策協調專案小組，密集召開會議，積極推動十二年國教相關配套措施之規劃。二〇〇七年二月二十七日蘇貞昌宣布二〇〇九年全面實施十二年國教，但後來因爭議不斷而未能施行。

二〇一〇年八月二十八日，教育部召開第八次全國教育會議，會中達成設立「十二年國民基本教育跨部會專案小組」的共識。二〇一一年元旦，馬英九總統於建國百年文告中宣示：「今年開始啓動十二年國民基本教育，預定二〇一四年高中職學生全面免學費、大部分免試入學」，爲十二年國教的實施拍板定案。

二〇一一年二月，行政院成立「十二年國民基本教育推動會」，教育部則成立「十二年國民基本教育推動小組」，積極研議十二年國民基本教育實施計畫及相關配套措施。同年九月二十日，行政院核定「十二年國民基本教育實施計畫」，自二○一四年開始實施。二○一二年四月二十五日，教育部舉行「十二年國民基本教育入學方式說明暨各方案執行展示記者會」，公告了七大面向及二十九項配套方案。

在立法方面，行政院院會於二○一一年十月二十日通過《高級中等教育法》草案，並於二○一二年三月二十二日修正，將適性教育的概念納入法條，再送立法院審議。該案於二○一二年五月二十一日經立法院教育及文化委員會初審通過，並於二○一三年六月完成立法程序。

在課程方面，雖然政府宣布十二年國教將於二○一四年實施，並適用於二○一四年進入後期中等學校（高中、高職）的學生。然而，二○一四年高一學生仍使用舊課綱及教科書。十二年國教新課綱到了二○一七年尚未定案，二○一九年進入高中的學生是否能使用到完整的新版教科書仍有變數。

入學制度的變革

如第二章所述，靠教育翻身的觀念深植人心，許多家庭都希望能經由升學的階梯架構往上爬，因此學生及家長非常關心入學制度的訂定。十二年國教自二○一四年實施以來，入學方式採滾動方式修正，以學生數占全國學生數約三分之一的基北區爲例，由於學校名額有限，當申請人數大於招生人數時，就有超額比序的問題，那要如何比呢？一○三學年度的積分計算表及一○五學年度的積分計算表如表二及表三所示，其中主要的不同點在於志願序及會考成績的計算方式。

一○三學年度的志願序採計方式爲前十個志願差一個扣一分，一○五學年度則改成群組的方式，五個學校爲一個群組，差一個群組扣一分。一○三學年度的會考成績是以三等第計算，比不出來再比四標示；一○五學年度則改成以三等第四標示所組成的七級來計算，並納入寫作測驗的級分。

表二 103學年度基北區超額比序項目積分表（台北市、新北市、基隆市）

項目	積分計算方式	上限	備註
志願序	• 第1至10志願，第1志願30分，第2志願29分，每一個志願序差1分 • 11至20志願得20分 • 21至30志願得18分	30分	• 可參考國中學生生涯輔導紀錄手冊之生涯發展規劃書。 • 如：大安高工為第一志願序，且同時填入電子、資訊科，則可同時合併為第一志願。
均衡學習	• 符合1個領域6分 • 未符合0分	18分	• 健體、藝文、綜合三領域五學期平均成績及格者。 • 100年入學之國七學生，103學年度只採計八上、八下、九上三學期。
服務學習	• 每學期服務滿6小時以上4分	12分	• 由國中學校認證。 • 100年入學之國七學生，103學年度由國中五學期採計三學期。
國中教育會考	• 精熟級6分 • 基礎級4分 • 待加強級2分	30分	• 國文、數學、英語、社會、自然五科，每科得分最高6分。
總積分		90分	

表三　105學年度基北區超額比序項目積分表（台北市、新北市、基隆市）

項目	積分計算方式	上限	備註
志願序	• 每五個志願序差1分，第1～5志願36分，第6～10志願35分，最低25～30志願得32分 • 同一學校之不同科別得合併為同一志願序	36分	• 可參考國中學生生涯輔導紀錄手冊之生涯發展規劃書。 • 如：大安高工為第一志願序，且同時填入電子、資訊科，則可同時合併為第一志願。
均衡學習	• 符合1個領域7分 • 未符合0分	21分	• 健體、藝文、綜合三領域五學期平均成績及格者。
服務學習	• 每學期服務滿6小時以上5分	15分	• 由國中學校認證。 • 採計至104學年度上學期止。
國中教育會考	• 精熟級A++7分，A+6分，A5分 • 基礎級B++4分，B+3分，B2分 • 待加強級C1分	35分	• 國文、數學、英語、社會、自然五科，每科得分最高7分。
寫作測驗	• 6級分1分，少1級分扣0.2分，1級分0.1分	1分	
總積分		108分	

除了積分計算方式不同外，採計順序亦不同。第一年一〇三學年度的採計順序列於表四。因爲寫作測驗級分在三等級加四標示之前比，使得包括台北市長柯文哲女兒在內的很多學生因寫作測驗級分未達滿級分而必須參加特招考試，方得以進入自己心目中的理想學校。到了第二年的一〇四學年度（二〇一五年），寫作測驗級分加入各科的計分基準（十量尺）而成爲二〇六方案，其採計順序如表五。

但先比三等第再比總積點（量尺）仍會發生「高分低就」的問題，於是第三年的一〇五學年度將三等第四標示在第一階段即一起納入比較，採計順序如表六。

基北區的超額比序項目是最簡單的，都已造成家長和學生的不安，有一些地區的比序項目則相當複雜，一〇五學年度台南區超額比序將生涯發展規劃建議、競賽成績、獎勵紀錄、幹部任期、社團參與、就近入學、體適能等皆納入比序項目中，在升學之路上設了許多關卡，更造成了許多學生及家長的焦慮。

這樣複雜的超額比序方式令許多學生及家長無所適從。爲爭取學生權益，民衆自動地發起了兩項連署，分別是「捍衛教育選擇權、尊重地方自治權、反對孩子當白老鼠」、「反賭局、眞適性、要公義的十二年國教」，皆得到萬人以上的支持，連署書參見附錄六。

評析

有人說「九年國教的實施創造了台灣過去的經濟奇蹟，十二年國教則可再造高峰」，殊不知兩者的實施背景是大不相同的。一九六六年，台灣國小畢業生繼續就讀國（初）中比率爲百分之五十九，爲降低台灣的文盲比例，增進國民的素養，九年國教於一九六八年實施，強迫每一個國民都要接受國民義務教育。九年國教實施後，國中就學率於一九七一年增至百分之八十一，到了二〇一一年則已達百分之九十九點九一，國民素質的提升爲後來台灣經濟奇蹟打下了堅實的基礎。

表四　103學年度基北區超額比序採計順序

順次	項目
1	總積分90分（志願序30分+均衡學習18分+服務學習12分+國中教育會考30分）
2	多元學習表現積分36分（均衡學習18分+服務學習12分）
3	會考總積分30分
4	會考單科積分（順序：國文→數學→英語→社會→自然）
5	會考寫作測驗級分
6	志願序積分
7	會考成績三等級加四標示加總比序
8	會考成績三等級加標示單科比序（順序：國文→數學→英語→社會→自然）

表五　104學年度基北區超額比序採計順序

順次	項目
1	總積分（90分）
2	多元學習表現積分36分（均衡學習18分+服務學習12分）
3	會考總積分30
4	志願序積分
5	會考總積點（各科計分基準轉換點數加（1~10點）總乘以4倍，並加入寫作測驗級分轉換點數，上限206點）
6	各科計分基準單科比序（順序：國文→數學→英語→社會→自然）
7	增額人數5%內直接增額錄取；增額人數高於5%時，依選填志願順序錄取

註：會考各科計分基準即為各科依常模參照所得之量尺分數（分10級）

表六　105學年度基北區超額比序採計順序

順次	項目
1	總積分108分（志願序36分+多元學習36分+國中教育會考36分）
2	多元學習表現積分36分（均衡學習21分+服務學習15分）
3	會考總積分36分（國文+數學+英語+社會+自然+寫作）
4	志願序積分（5志願一群組）
5	各科三等級四標示及寫作測驗 （順序：國文→數學→英語→社會→自然→寫作）
6	適當處理：1.增額人數5%內直接增額錄取。2.增額人數高於5%時，依選填志願順序錄取。

但在十二年國教實施前的二〇一一年，台灣國中畢業生進入高中職就讀的比率已高達百分之九十七，實已無大幅增加的必要性。在少子化浪潮的衝擊下，高中職學校可容納名額已超過學生名額，國中畢業生只要想讀高中職就一定有機會，有教無類的「教育機會均等」已不是問題，重點應在於如何因材施教、改善學習環境，以提高學生與國家的競爭力。

一、超額比序條件釀不公

十二年國教的三大願景：「提升中小學教育品質、成就每一個孩子、厚植國家競爭力」是大家都認同的，但要如何達到呢？一〇三學年度高中職入學制度於二〇一一年宣布時，超額比序採抽籤的方式，立即引發家長的反彈，如果沒有人做假，感覺上抽籤是公平的，但是，爲何教育翻身的機會是由上天決定呢？「抽籤」需要努力嗎？「一分耕耘、一分收穫」、「天下沒有不勞而獲的事」是普世價值，也是大多數家長教導孩子的觀念，但如果進入自己想讀的學校靠的是抽籤，而不是靠努力，能夠引導學生有效學習嗎？

顯然，抽籤作爲爭取教育資源的手段是不符合民情的。經過許多關心教育人士的努力，教育部取消了抽籤入學的做法，化解了部分的焦慮。但因爲辦法中仍有多處不當規定，在二〇一四年第一年實施時，仍造成學生及家長很大的恐慌。

依照二〇一四年基北區超額比序的辦法，前十個志願，一個志願差一分，因爲塡志願的順序而影響到比序積分的計算，再影響到排序及入學。蘋果日報曾於二〇一四年做了一項調查，有六名同樣會考五科A++、寫作五級分的學生，因塡志願策略不同，其中一人錄取台灣師大附中，另四人則分別錄取板橋高中、中正高中、復興高中、基隆女中，甚至還有一人落榜。努力很久得到了好成績，卻沒有獲得相對應的回報，要考生情何以堪？塡志願的策略竟成爲升學的一個重要因素。

因爲不曉得別的考生會如何塡志願，使得升學制度成爲賽局或賭局，如何彰顯「要怎麼收穫，先那麼栽」的價值呢？這樣的設計更影響到了許多學子教育翻身的機會。有人說，這是爲了讓學生有多一點就近入學的機會，但眞的能達到那個目的嗎？就近入學是每一個家庭的期待，但每一個家庭住家附近都有孩子適合讀的學校嗎？如果有，當然最好，但如果沒有，怎能強迫孩子就近入學呢？爲何住的近就有優勢呢？人民有遷徙的自由，家是可以搬的，何爲「就近」呢？難道是爲搬家容易的有錢人設計的嗎？

有的縣市超額比序項目中納入競賽成績，是另一個讓許多家長不安的比序條件。如果是公家機關辦的競賽，如演講比賽、科展等，或許尙有公信力，但如果是民間辦的，「關係主義」的影子就進來了。有些國外科展的比賽是只要參加就有獎，有獎就可以在升學積分計算時加分，就有更多進入好學校或是翻身的機會。於是，經濟狀況良好的家庭就可以送孩子去國外比賽，但對於經濟狀況不好的家庭，孩子的機會因而減少，那要如何藉由教育而翻身呢？如何照顧經濟弱勢家庭的孩子呢？

幾年前有一位機器人比賽的評審教授告訴我，在比賽的時候，選手的後面站著教練及家長，當孩子的機器人表現不好的時候，家長就低聲怨教練：「怎麼會這樣？」似乎家長已付了大錢，孩子表現不好，就怪罪教練。制度設計不良，導致「關係主義」有機會運作，使得「教育翻身」要比關係、財富，除了最頂層的那些家庭外，其他大多數的家庭就陷入焦慮中。

獎懲被納入超額比序條件中也造成了學生的惶恐，學生在學校深怕動輒得咎，於是唯唯諾諾，不敢造次。一旦孩子被記了過，就輪到家長緊張了，趕快努力找關係銷過，甚至動員到議員、立委。孔子都到了七十歲才「隨心所欲不逾矩」，怎能要求孩子都不能犯錯呢？學校記獎懲的目的是要引導學生改過向善，怎能量化為比序條件而影響其翻身的機會呢？

有的縣市將擔任幹部作為比序條件，如果幹部是老師指派的，那就由學生與老師的關係決定，如果幹部是選任的，那就要看學生之間的關係。有報導指出，彰化縣有國中班級甚至出現「板擦長」、「電燈長」的怪現象。也曾聽聞某國中班上有一群學生壟斷選舉，當選的幹部都是他們那個團隊的，有一位學業成績很好但不是他們團隊的同學，始終當不上幹部，就拿不到幹部成績，這樣是公平的嗎？

二、免試可減輕壓力的迷思

十二年國教入學制度在邊走邊修的過程中執行，經過磨合，已逐步穩定，但小英政府在二〇一六年上任後，宣示要推動「全面免試、就近入學」，再次吹皺一池春水，引發家長的焦慮。為何要全面免試呢？主要是延續教改「減輕壓力、快樂學習」的精神，希望孩子在壓力減輕後，能夠快樂自主的學習。但是，沒有了考試，壓力就能減輕嗎？

事實上，壓力的來源不是考試，而是期待能經由升學而「教育翻身」所面臨的競爭。如果大家都想要進同一所學校，要如何一比高下？公平的考試成績最沒有爭議，但如果不比考試，那要比什麼？是比關係、比財富、比遠近嗎？有人說，很多有錢家庭可以將孩子送到補習班，就可以有好成績，對於弱勢家庭也是不公平的。但我們看到了許多弱勢家庭孩子經過層層公平考試成功的例子，前總統陳水扁就是三級貧戶出身的，如果那個管道消失了，沒有關係的弱勢孩子真的很難出頭。此外，補習至少是將錢用在孩子的知識增長上，而不是花在關係的建立上。

適度考試的壓力可以讓孩子成長，「沒有關係」的壓力則會讓孩子無奈、怨天尤人，覺得社會是不公平的，那是我們希望讓孩子建立的人生觀嗎？對於弱勢家庭的孩子，我們要做的是提供更多的教育資源或課業輔導，甚至可酌以負擔其補習的費用，以提高他們的競爭力。

如前所述，教育在華人社會具有翻轉階級的意義，許多家庭都希望能給孩子好的教育，讓孩子過得比自己好。所以，即使省吃儉用，也要讓孩子去接受良好的教育。如果這個機會被剝奪了，必將激起民怨。十二年國教高中入學制度所以會造成那麼大的爭議，並成爲國民黨失去政權的主要因素之一，就是因爲沒有考慮到台灣的民情。

三、會考成績採計方式的爭議

二〇一四年，在十二年國教入學制度第一年實施並檢討後，中央與地方爲是否在第二年使用十量尺而爭議不休。柯文哲在當選台北市長後，接受媒體訪問時表示，政策的形成要考慮三個因素：民意、價值與專業，其中又以民意爲重。現就從這三個面向來談關於會考成績的使用方式。

先從專業的角度來看，主辦會考的心理與教育測驗研究發展中心（心測中心）表示，會考的三等第是採「標準參照」，每一位學生的成績都是和一個絕對標準比，過了A等第的標準，就可以拿A。我們都知道，通過了駕照的考試表示有能力開車上路，但駕照考試成績可以用來作爲賽車得獎的比序標準嗎？當然是不行的。在另一方面，依照答對題數及人數比例計算的量尺則是採「常模參照」，學生的成績是和其他的學生比較而得，是相對的概念。而四標示則是在等第中再依常模參照而細分，是兩種模式的混合體。

標示和量尺都是教育部爲了解決抽籤問題而設計的評量工具，但標示是以標準參照的等第爲基礎。使用標準參照時，因爲絕對標準是固定的，如果學生的程度普遍很高，通過的人數很多，即使再用標示，仍可能會發生比不出來的狀況。

二〇一四年香港測評專家羅冠中在參加心測中心主辦的評量研討會時，聽到台灣將會考的三等第拿來作爲升學比序項目，大爲驚訝，並說香港不會將採用標準參照的系統性評估（Territory-wide System Assessment, TSA）成績拿來升學比序。香港小學生在進入初中前則要參加另一個採常模參照的編班考試，作爲升學或編班依據。但我們卻拿標準參照的三等第或衍生的四標示作爲主要的升學比序依據，實在不符測評原則。

其次，在價值方面，因爲名額有限，當申請人數超額時，就必須要比，那就要公平。何爲公平？我們要的公平是：高學習表現的學生要有更多的機會進入自己心目中的理想學校，這樣才能彰顯「得其所應得」的普世價值。以當時教育部提供的試算表爲例，如果用標示，可能答錯四題的學生會輸給答錯十六題的學生（總題數二百三十二題）！這樣是公平的嗎？心測中心提出數據說：如果用量尺可能發生5A++輸給2A++1A＋2A的狀況，但重點是，哪一位的學習表現比較好呢？先使用標示會產生更大的不公平，採常模參照且十級分的量尺更能準確地反映學習表現。

有人說，考生的智育能力是一個抽象的概念，但沒有「黃金標準」。確實如此，沒有一種評量工具是完美的，學生在考試時也會有失常的狀況，考試成績只是當時能力的一個表現，也是一種檢定性向與能力的指標。「一試定終身」是會讓學生壓力過大，但在十二年國教實施之前的二〇一二年，考生有兩次參加基測的機會，到了二〇一三年，多元管道暢通，參加基測的考生只有全體國中畢業生的百分之六十。二〇一四年還有特招考試入學的管道，但二〇一五年卻幾乎只剩下所謂的免試入學。在這樣的狀況下，就只能在諸多評量工具中選一個比較公平且避免抽籤或增額過多的方式。更何況，如果將學科考試視爲是否適合走學術路線的檢定，技藝路線亦是康莊大道，何來「定終身」（的好壞）一說呢？

最後來談民意。由於標示與量尺基準不同，如果混用，必然會發生錯置的情形。教育部原本的規劃是：先比等第，再比標示，在比無可比時，則比量尺。但如果有學生在看到量尺成績後，發現量尺成績比他差的同學竟然錄取到比較理想的學校，是否會有「高分低就」的怨言？

就是因爲有家長注意到這個問題的嚴重性，並向台北市教育局反映，基北區才會經過嚴謹審議過程後，提出採量尺比序的方案。但教育部並不買單，並稱受基北區方案影響的學生可能達五萬人。該數字正顯見基北區方案的影響範圍，標示與量尺的錯置問題是教育部方案所造成的，基北區的方案就是要處理這個問題。

代表台北市全體家長的國小、國中、高中、高職等家長會聯合會當時曾召開記者會，呼籲採用量尺的入學方案已公告，就不要再變了。台北市議會亦於二〇一四年九月的一個座談會上達成先比量尺的共識，台北市的民意已非常明確。

經過專業、價值、民意的檢驗，柯P堅持在一〇四學年度入學制度採用量尺的方案，並得到了新北市市長朱立倫的支持。後來教育部讓步了，十量尺成爲十二年國教第二年基北區入學的主要比序依據，並順利施行，沒有發生所謂「半屏山」（低分群較粗而分不出來）的困擾。但是否問題就沒有了呢？

二〇一五年夏天，十二年國教第三年的會考成績如何使用，再次成爲教育部及基北區教育局處的爭議。教育部仍提出先比三等第，再比四標示的作法。這樣的方式可能會發生極不公平的現象，以一〇三學年度的資料爲例，如果甲學生在會考國、英、數、社、自五科的答對題數分別爲40、12、21、52、45，依照教育部公布的等第分布表，其表現爲4B1C；另一位乙學生的答對題數分別爲19、13、10、23、19，其等第則爲5B。如果先比等第，甲同學雖然總答對題數爲一百七十題（五科總題數爲二百三十二題），卻會輸給總答對題數爲八十四題的乙同學，甲同學的錄取學校可能就由公立的變爲私立的，這樣的不公平如何讓甲同學及其家長接受呢？

由於PR85及PR35的孩子都是B等第，PR34及PR1的孩子都是C等第，超過六成的學生再努力也不能「升等」、「進步」，使得「一分耕耘、一分收穫」的普世價值觀受到扭曲，許多學生國中三年因此怠惰學習、自我放逐，同儕影響如星火燎原，已成爲許多教師與家長椎心之痛。而三等第標籤化孩子，可能因此造成5C的孩子被貼標籤而心理不平衡。

由於科科重要且不能互補，任何一科掉一級就可能與理想志願絕緣，使得孩子必須「科科計較」，特殊專才孩子的升學機會因而受到影響。爲求科科都強，孩子因而無法適性發展。爲避免孩子在三等第比序中屈居劣勢，家長於是將數理強的孩子送去補習語文，或是將語文強的孩子送去補習數理，耗費家庭開支，助長補習風氣，讓孩子的學習比過去基測時代更加沉重。此外，有錢的家庭可以送孩子去補習，家庭經濟弱勢的專才學生、用功的偏鄉5B學生則更難翻身。

基於這些理由，基北區提出一〇八方案，第一個比序項目就採用三等第四標示轉換的七級積分，所幸後來教育部認可核備，於第三年（一〇五學年度）起在基北區使用，化解了大部分的爭議。

四、政策制定過程粗糙

教育部曾於二〇一〇年八月召開第八次全國教育會議，達成推動十二年國民基本教育的共識，並針對升學制度的議題，做出推動策略的結論[1]：

(1) 要立法保障。
(2) 可擇一縣市試辦，再全面實施。
(3) 推動時程：①穩健、漸進、水到渠成。②建置關鍵指標，明定實施期程。

【1】國家教育研究院，《第八次全國教育會議實錄》，二〇一一年。

(4) 現行免試入學方案及齊一公私立高中職學費方案，應再精進。此推動策略尚稱可行，但尚未試辦，馬政府即在二○一一年元旦宣布將於三年後實施，顯然過於倉促。十二年國教政策雖然立意良善，但制定過程有諸多值得檢討之處：

(一) 在大多數學生免試進入高中以後，學生程度的差異使得教學困難度大爲增加。課綱必須及時調整與鬆綁，教學方法亦必須配合更新，方能眞正做到適性教育。但新課綱尚未完備即推出入學制度，而教學方法尚在實驗階段，顯然不符學生學習需求。

(二) 十二年國教政策的制定未經系統化及全面性的思考，流於單面向或民粹式的決定。

(三) 雖然教育部要求各縣市政府之入學辦法需經各縣市教育審議委員會通過，但中央層級卻無公正超然的教育審議委員會，政策的制定過程缺乏管控機制。

(四) 十二年國教政策措施未達成全民共識即公布實施。

(五) 未經小規模實驗即全面推行。

(六) 政府在二○一四年實施的後期中學入學制度顯已影響二○一一年國中入學學生的學習。入學辦法的不確定及不公不義嚴重違背了教育政策穩步推動及信賴保護的原則。

綜上所述，十二年國教政策的制定過程及滾動式調整未能遵守信賴保護原則，未落實誠信的價值觀，亦不符合教育政策制定之精神與原則。

對策

十二年國教的總體目標爲成就每一個孩子，並提高國家的競爭力。適性揚才的概念已明訂在《高級中等教育法》中第四十五條：「高級中等學校應就學生能力、性向及興趣，輔導其適性發展」，那要如何做到呢？

一、適性多元的學習環境

依據《高級中等教育法》，如果學校未能輔導學生適性發展，即是違法。國家有責任要提供一個適性的教育環境，讓各種不同智能、不同特質的孩子都能得到適合的學習機會，適性多元學習環境的建構是首要努力的方向，理念與策略將於第八章論述。

這裡所說的多元，指的是多元的學習環境，讓不同傾向的孩子有不同的學習機會，而不是要求孩子學習各方面多元知識的「假多元」。對於理工傾向的學生，可以少一些地理、歷史的課程，對於文法傾向的學生，則可以少一些物理、化學的課程。以常態編班的方式，讓不同能力、性向及興趣的孩子使用同一套教材、接受同一個教學方法來學習，並非眞正的適性多元。

十二年國教分爲國小（六年）、國中（三年）、高中（三年）等三個階段，各有不同的學習目標。國小屬於探索的階段，除了品格、體能及基本學養的建構外，最要緊的是從玩遊戲、演戲、做工藝、旅遊及參觀活動中，認識自己、探索自己的優勢智能及弱勢智能。到了國中階段，學生要學習到一個公民所應具備的基本知識與能力，並可依個人的性向及興趣，嘗試符合需求的學習方向。

到了高中、高職階段，對於性向及興趣明確的學生，即可進行分流，學習可概分爲學術型及技藝型兩個方向。一般而言，學術型孩子進入高中，以銜接後續學術研究的大學教育；技藝型孩子則進入高職，爲進入職場或學習更高深技術做準備；尙未確定方向的孩子則到綜合高中，繼續探索。

另一方面，依照美國哈佛大學教授加德納（Howard Gardner, 1943～）的智能理論，每一個人都擁有語言、音樂、邏輯數學、空間、肢體動覺、內省、人際、自然等八大智能，只是強弱各有不同。每一個孩子都有其優勢智能，都應有適性學習與發展的機會。

除了智能外，每一個人的個性也不同，有的人喜歡冒險，有的人喜歡寧靜，不同屬性的孩子也就要有不同性質的學習環境。過去曾有一則報導，在秘魯的國家級森林公園裡養著一隻年輕的美洲虎。美洲虎是一種瀕臨滅絕的珍稀動物，全世界僅存十幾隻。秘魯在公園中專門闢出了一塊森林作爲虎園，還精心設計和建置了有冷氣的豪華虎房，並有成群人工飼養的牛、羊、鹿、兔供老虎盡情享用，好讓它自由自在地生活。但奇怪的是，美洲虎總是無精打采，吃了睡，睡了吃。

但有一天，秘魯人將幾隻美洲豹投放進了虎園，從此那隻美洲虎再也躺不住了。在有了對手後，牠整個活了起來，在虎園中昂首闊步，與對手搶奪獵物，意氣風發，展現了王者之態。對於有些積極進取的孩子，不但在學習的過程中要有榜樣，還要有良性競爭的對手，那樣才能激發潛能，展現生命的價值。

二、建置完整的高中分流體系

在台灣，高中與高職分別提供了學術傾向及技藝傾向學生的學習管道，但八大智能的培育環境尚未完備。依照《高級中等教育法》第四十五條，高級中等學校分爲下列類型：

(一)普通型高級中等學校：提供基本學科爲主課程，強化學生通識能力之學校。

(二)技術型高級中等學校：提供專業及實習學科爲主課程，包括實用技能及建教合作，強化學生專門技術及職業能力之學校。

(三)綜合型高級中等學校：提供包括基本學科、專業及實習學科課程，以輔導學生選修適性課程之學校。

(四)單科型高級中等學校：採取特定學科領域爲核心課程，提供學習性向明顯之學生，繼續發展潛能之學校。

現在的普通高中屬於第一類，高職則屬於第二類，台灣有一些綜合型高中，例如台北市立大理高中、桃園市觀音高中等，但尚未完成建置提供學習性向明顯之學生繼續發展潛能之單科型高中。此四類高中如能落實，台灣高中的分流體系就完整了。

美國紐約市為了讓性向明顯之學生有發展潛能的機會，設立了九所公立特殊高中（參閱附錄三），培育的性向包括數學、科學、科技、工程、美國歷史、人文、電腦、表演藝術、古典文學、拉丁語文、美術、樂器、聲樂、舞蹈、戲劇等。

韓國在揚棄了平均化教育的思維後，設立了多所特殊目的及特殊化高中，培育的性向包括科學、外語、藝術、體育、國際、卡通、動畫、餐飲、視覺產出、觀光、鑑賞、珠寶鑑識等（參閱附錄三）。台灣也應儘快設立提供數理、科學、資訊、語文、政法、藝術、體育、餐飲、動畫、鑑識、高等技術等性向明顯學生之單科高中，讓優勢智能已十分明確的學生有更為適性的學習環境。

人的優勢智能可能因環境的刺激而被激發出來，興趣亦可能改變，有些學生在選擇了某個學習方向後，可能不適應，或是發現興趣不合。遇到這樣的狀況，我們要提供順暢的換軌機制，讓學生得以依其發展的進路調整學習的環境，這樣才符合適性教育的精神。

三、適性的課綱

二〇一七年九月十日，教育部課審會進行了高中國文科課綱文白比例的審議，決定文言文在國文科教材中所占的比例為百分之四十五至百分之五十五。但有人認為，讀古文是造神，文言文太難懂，沒有必要讀那麼多與現實脫節的古文，立法委員管碧玲則表示：「白話文的創作是台灣當前最迫切要推動的語文政策目標，中華文化基本教材、文言文和中國古典文學等總比例不應超過百分之五十。」在各方壓力下，教育部課審會在同月二十三日的會議中翻案，最後定案的比例為百分之三十五至百分之四十五。

對此文白比爭議，主張高文言文比例的人認為，讀文言文可以增進語文能力與競爭力，太少則無法架構文學內涵。各種說法都有道理，但也都有盲點，我們應回歸教育本質的思維，從適性的角度探討這個議題。

每一位學生的語文智能與興趣不同，學習的進度也不同，當然就要提供不同的教材與學習環境，這就是適性原則。對於智能及興趣不在國文的學生，如果給了太多艱澀的文言文，學習效果不好，當然無法提升其競爭力，不如花多一點力氣在其優勢智能上，可以少讀一點文言文。而對於語文智能強、運用文字較敏感的學生，多一些文言文的課本可以讓他們有更大的學習空間，並可順利銜接後續的語文加深加廣課程及大學語文教育。

因此，過高或過低的文言文比例都不適性，而應擴大比例的範圍，例如百分之三十至百分之五十，國文科教材分A、B版，A版的文言文比例約百分之三十、B版約百分之五十，讓學生可依其性向、興趣、程度適性選修。

不只是國文科，英文、數學、物理、化學等各科目也要能提供深淺程度不同的課綱及教科書，提供不同屬性的學生使用。有了適性的十二年國教課綱，以及能協助學生建構系統思維及素養的教科書，十二年國教適性揚才的目標方能達成。

四、推動分科分組教學

美國學生進入初中（六、七、八年級）就開始跑班上課。以美國奧瑞岡州的初中爲例，數學課分三級。學生入學時進行學力檢定，多數學生從六年級數學開始修習，但也可以直接跳級修七或八年級的數學，上完八年級數學後，還可以選修其他的數學課或去鄰近的高中上數學。到了高中，若修完高中的課程，還可上大學的預修（AP）課程。如此適性靈活的學習環境，可能在台灣實現嗎？

有鑑於「常態編班」不適性的問題，台灣過去曾推行「學科能力分組教學」，卻因空間、師資、課程安排及標籤化的疑慮等問題而無法落實。但近幾年仍有多所國中致力推動，新竹縣照門國中就成功地進行了英文、數學、自然的分組教學。有些縣市則結合課中補救教學的概念推動「兩班三組」或「三班五組」，成效良好。

分組教學之後，孩子的學習將更有動機。英文的分級讓孩子更敢開口說英文，數學的分級讓學生跟得上教學的進度，不會成爲教室中的客人。因爲「進度配合程度」，孩子體會到學習的意義，也有了成就感。

在二〇一五年十一月舉辦的全國家長會長與教育部長有約的座談會上，我曾進行一項對於分組教學的認同度調查，在出席的約一百五十位來自全國各地家長會長中，有九成以上認同分科分組教學方式的實施。事實上，家長固然擔心孩子可能會被貼標籤，但更憂慮的是被放棄而沒有機會學習。

爲了避免「被放棄」的擔憂，教學可依進度的快或慢來分組，進度快的組學生人數比較多，進度慢的組人數則比較少，可以得到教學績優老師更多的照顧。如此教學方式增加了師資及空間的需求，但在少子化的狀況下或有機會滿足。教育當局應提供足夠的資源，協助學校推動分科分組教學。如果學校空間不足，可採減招學生的方式辦理。

五、推廣滴灌式或階梯式學習法

以前我在美國讀研究所時，修了一門很難讀通的數學課「實數分析」，任課教授每星期給一次小考，每月給一次月考，雖然很辛苦，但一點一滴的學，日起有功。那門課使我獲益良多，並奠下了我後來做研究的基礎。

博幼基金會曾推出英文及數學的基本學力檢定平台。在數學部分，學生的程度從易到難分成一五〇多級。學生可透過平台自測程度，循序漸進地學習。這樣的方式帶起許多弱勢家庭的學生，可以說是一個很好的階梯式學習機制。

以色列是一個極度缺水的國家，三分之二的土地是沙漠、荒山，但憑藉著良好的滴灌技術，將沙漠變成了綠洲，怎麼做到的呢？以色列人在植物根部的土壤中鋪設水管，並在管側開孔後配上微型開關，經過管線和滴頭，將植物生長所需要的清水、肥料，一滴一滴地輸送到植物根部，讓植物可以直接吸收，而不會蒸發掉。在教學上，也可採取滴灌式或階梯式的學習方法，持續提供少量但不間斷的學習材料，讓學生可以一點一滴、一級一級的學習。

滴灌式學習和填鴨式學習大不相同。填鴨式學習是不管學生的學習狀況而囫圇吞棗地給予難以承受的學習內容；滴灌式學習則是依據學生的學習狀況，提供適時適量的學習內容，其難度要比學生的程度高一點點，以達到既能保有進階成長空間，亦能避免嚴重學習挫折感的目標。

如果能在各國中、高中推行分科分組教學，並讓學生能依照類似博幼基金會的階梯方式進行滴灌式分級學習，孩子的學習將「點滴在心頭」，其進階的成就感將能激發向上學習的動機。只要住家附近的學校有這樣有效且適性的學習環境，家長自然就會放心地將孩子送去就讀，十二年國教「就近入學」的目標也就可以水到渠成了。

六、公平、適性、多元、簡單的入學管道

有了多元的學習環境，我們即可設計多元的入學制度。同樣地，這裡的多元，指的是不同智能、專長的學生都有表現的空間，而非要求一個學生樣樣都強。舉例而言，一位語文智能很強但邏輯數學智能弱的學生，可能會在一個強調科科等值且計分等級很少的入學制度（例如現在會考採計的三等第）中被埋沒，而無法進入自己理想的學校。換言之，目前會考的三等第四標示採計方式並非適性多元。爲什麼呢？

如果計分的等級較多，即使數學考不好，還可以用英文來彌補，等級少則很可能彌補不過來。以百分制爲例，現有甲及乙兩位學生，甲的英文、數學各得九十五分、五十分，乙的英文、數學各得七十分、七十分，以總分計算，甲的一百四十五分勝乙的一百四十分。但如果用三等第來計分，假設七十分以上爲A，四十至七十分爲B，四十分以下爲C，則乙的2A勝甲的1A1B，甲的弱數學就沒有辦法用他強的英文補過來。就學術傾向而言，甲未來在英文方面的發展可能更有潛力。我們固然希望

學生能均衡發展，但不能以犧牲特殊智能學生的發展作爲代價。

在十二年國教實施的過程中，這樣的例子屢見不鮮。許多有特殊智能的學生因爲這個制度而苦悶，必須花時間讀他們不喜歡的科目，甚至去補習，這樣的不當壓力只會愈來愈大，如何能達到十二年國教適性發展的目標呢？

有人認爲計分等級愈少愈好，分數愈模糊愈好，不要讓學生分分計較，可以減輕學生的壓力。但在資源有限的狀況下，競爭是不可免的，入學制度要做到公平、適性、多元、簡單，才能避免造成不當的壓力及民怨，適度的壓力常能轉化爲成長的動力。

我們應將升學制度視爲檢核學生性向或智能發展狀況的機制，作爲學生進入哪一種學習管道（分流）的依據。普通高中、高職、單科特殊高中各提供不同屬性的學生不同的學習環境，由於各校的名額有限，我們不可能完全依照學生的意願來安置，適當的評量方式有其必要。各高中可依其學校屬性或特質，找到最適合在該校學習的學生條件，據以設計其入學方式。各校招生條件彙整後，再規劃是由各校獨招或是辦理統一的入學考試。

「就近入學」是十二年國教推動的目標之一，也是多數家長的期待，但在高中的分流階段，這個目標有時會與「適性」原則相牴觸。因爲資源有限，住家的附近怎麼可能一定有孩子想要就讀的學校呢？以汽車修護科爲例，台北市的公立高職只有大安高工、松山工農及南港高工設有汽修科，想要學汽車修護但家住天母的孩子，要如何就近入學呢？

如果普通高中都能在校內提供適性學習的機會，讓家長放心地將孩子送入住家附近的學校就讀，也許「就近入學」就可自然達成。但如果利用入學制度（例如志願序扣分或就近入學積分）作爲手段，必將引發民怨，入學制度的設計必須兼顧人性、慣性與適性，並得到學生及家長的認同。

第五章 大學入學制度——是多元還是關係？

簡述

一九九六年發布的《教育改革總諮議報告書》將一九五四年開始實施的聯考歸類於妨礙我國教育品質提升的負面因素之一，聯考有哪些問題呢？有人認為，以考試引導教學扭曲了教育的本質，只重智育輕忽其他能力，使得學生無法均衡發展，不利全人教育；單一考試決定進路，使教育制度流於僵化，難以因應社會變遷，亦不利於國家競爭力之提升；選才方式應更為多元，以讓學生適性發展。為了解決這些問題，大學聯考於二〇〇二年廢除，改採「多元入學方案」。

一、多元入學方案

經過逐年的修訂，二〇一六年的多元入學方案主要分為「甄選入學」及「考試入學」兩大管道，甄選入學未用完之名額流到考試入學使用。甄選入學再分為「繁星推薦」及「個人申請」兩部分，前者由各高中向各大學校系推薦（限應屆畢業生），後者由考生自行向符合志趣之大學校系提出申請。各管道簡介如下：

㈠繁星推薦

被推薦的學生必須於高三寒假參加學科能力測驗（簡稱學測），考試科目為國文、英文、數學、社會（歷史、地理、公民與社會）、自然（物理、化學、生物、地球科學）等，範圍為高一、高二課程內容。

大學依學系之性質分八大類學群招生，由高中向大學依學群推薦符合條件之應屆畢業學生。除第八類（醫學系）分爲兩階段甄選外，大學不辦理第二階段甄選。

推薦條件爲：(1)符合繁星推薦資格之高級中等學校，全程就讀同一所高中，修滿高一、高二各學期之應屆畢業生，且高中前四個學期學業成績總平均全校排名百分比符合大學之規定。(2)該學年度學測、術科成績通過校系之檢定標準，且學測成績任一科不得爲零級分。(3)高中對大學每個學群至多推薦二名，如高中對同一大學推薦超過一名學生時，必須排定其學生推薦順序，甄選入學委員會分發時即依高中排定的推薦順序分發。(4)每名考生僅能被推薦至一校一學群，選填志願數依大學之規定。(5)具原住民身分之學生，得以一般生或原住民生身分擇一參加本招生。

分發比序之方式爲：第一比序爲在校學業成績全校排名百分比，第二～七比序爲學測各單科級分或總級分、或各單科學業總平均成績全校排名百分比。錄取分兩輪分發，第一輪分發時，各大學對同一高中非藝才班、非體育班之學生，以錄取一名爲限。大學校系經第一輪分發後仍有缺額者，依該校系之分發比序項目進行第二輪分發。錄取生不得報名該學年度大學個人申請管道；未於規定期限內放棄錄取資格者，不得報名該學年度大學考試入學招生。

(二)個人申請

採用兩階段甄試，第一階段各校系組依學測成績及其篩選倍率進行篩選，第二階段則採較爲多元的方式，包括口試、筆試、資料審查及實作等。符合大學校系報名資格之學生，每人以申請六校系爲限。錄取生未於規定期限內放棄錄取資格，不得報名該學年度大學考試入學招生。

(三)考試入學

指定科目考試（簡稱指考）於每年七月初舉辦，考試科目有國文、英文、數學甲、數學乙、物理、化學、生物、地理、歷史、公民與社會等十科。考生在收到指考成績單後，須至大學考試入學分發委員會網站登記志願，每位考生選塡之志願數不得超過一百個。大學考試入學分發委員會再依考生志願序及校系採計之考科組合（最多五科）指考成績分發錄取。

二、實施後的民情

多元入學制度在二〇〇二年第一年實施後，中國時報隨即做了一項民意調查，在二十歲以上成人中，百分之五十八贊成恢復聯考、百分之三十八支持維持多元入學方案，而有百分之七十質疑多元入學的公平性。到了二〇一五年，TVBS再進行了一項民調，在十五歲以上民衆中，百分之六十贊成恢復聯考、百分之二十三支持維持多元入學方案，而百分之七十認爲聯考較公平，只有百分之十六認爲多元入學較公平。經過十四年，贊成恢復聯考的比例增加了，支持多元入學方案的則大幅減少。

資源分配首重公平，主流民意認爲多元入學制度是比較不公平的。在二〇一五年的一場全國家長會長與教育部長有約的座談會上，出席的一百五十位家長會長中，有九成認爲過去的聯考比多元入學制度公平。黃昆輝教授教育基金會則在二〇一七年公布了一項民意調查結果：全國只有百分之三十五點四的民衆可以接受申請入學比例愈來愈高的情形。李遠哲在二〇一四年的一場演講中也說：「多元的入學方式卻造成更大的學習落差。以前的孩子進學校時大家什麼都不懂，現在城市的孩子進到學校已經具備許多知識，都是鄉下孩子不會的。」顯然，目前的多元入學制度並不能達到教育翻身及提高學力的效果。

爲了解決上述諸多問題，大學入學制度必須調整。國教行動聯盟等教育團體在二〇一六年九月發起了「高中學習要完整有效、大學入學要公平適性」的連署，連署書參見附錄六，在短短的幾天內就獲得了數千民衆的支持，當時的台大校長楊泮池也參加了連署，顯見大家對大學入學制度的不滿與憂慮。

評析

一、高中學習不完整

一位朋友在讀高中的兒子因爲不喜歡讀地理、歷史，而選擇放棄學測拚指考，因爲指考要考三年的課程內容，所以，高三上學期的課程必須好好學習。但他發現，任課老師花了百分之八十的時間去複習高一、高二的課程內容，高三的部分卻講的不多。聽到孩子這麼說，那位朋友就去問老師，爲何不上高三的課程呢？老師雙手一攤說，學測不考高三的，如果都上高三的內容，上了也沒有用，學生都不好好聽課。朋友很無奈，只好將兒子送去補習班。朋友的經濟狀況還可以，但經濟弱勢家庭的孩子怎麼辦？

如果在課堂中，附近工地的噪音影響了學生上課，學校必然要設法排除，以維護學生的受教權益。然而，現在高三生的學習已被設計不當的入學制度所干擾，受教權益因而大受影響，要如何排除那些干擾呢？

有人說，高中少讀一點，提早放暑假，正好可以體驗不同的生活。生活體驗沒有不好，但爲何不編入課綱中呢？我們可以認眞的考慮讓學生在高中畢業後有一個空檔年（gap year），但那是另外一個課題。現在既然採用了許多學者專家精心編製的高中三年課綱，就是希望學生能夠完整學習。高三的課程內容當然是重要的，例如電學就排在高三下學期，因而不在學測範圍內，經過甄選入學的學生可能就沒有好好讀電學，對於甄選入學進入大學電機系的學生，當然就得補習電學了。現在因入學制度設計不良而只學到三分之二套，教育當局是否已違背了與家長的約定呢？

有人引用統計數據認爲，繁星入學的學生進入大學後的表現比申請入學的好，申請入學的又比考試入學的好，所以學習完整不重要，且應該要增加甄選入學的學生名額。這可說是本末倒置，混淆了各個入學管道的精神。爲何前面管道入學的學生表現會比較好呢？要回答這個問題，可以先思考以下幾個問題：如果一位高中生在前面的管道就可以進入自己理想的校系，他會放棄嗎？如果篩選的方式相似，哪一種學生在前面管道會比較有機會呢？建中校排第一名的學生如果學測考了滿級分，他會用哪一個管道入學呢？

對於高中生而言，前面管道能進心目中的理想校系，當然不會放棄。現在繁星要看校排及學測成績，也是在比分數，當然成績優秀的學生在前面管道的入學機會比較大。建中校排第一名又學測考得很好，一定是優先選擇繁星入學的管道。這三個問題的答案就解釋了爲何前面管道入學的學生表現會比較好，這是時間順序的問題，不是選才方式的結果。如果將考試入學與甄選入學前後對調，那考試入學的表現就會比甄選入學的好了。

現在甄選入學的名額已超過七成，遠高於後面考試入學的名額，學生因爲擔心考試入學的名額少，於是必須把握甄選入學的機會，因而造成學生的恐慌，而如果甄試能上，當然就先卡位。二〇一三年十二年國教第一年實施高中職入學制度時，就是先第一階段免試入學（一免），之後特色招生，再第二階段免試入學（二免），多所高中的校長表示，一免學生在高中的表現優於特招，再優於二免，也是同樣的道理。

從另外一個角度思考，升高中的科學班招生在免試入學之前，一般而言，科學班學生入學後的表現較普通班的爲佳，那是否就要增加科學班的名額呢？每一個招生管道都有其設計目的與意義，怎能混爲一談！

《韓非子》中有一則「鄭人買履」的故事，敘述戰國時代有一位鄭國人要去買鞋，先將腳的大小量好，將尺碼放在座位上，但走的時候太匆忙而忘了帶。到了市集上，取了鞋，發現尺碼沒帶，於是跑回家拿，再趕回市集時，市集已散，就沒買到鞋。有人問他：「爲何不用自己的腳試大小呢？」那位鄭國人說：「我寧可相信尺碼，不相信自己的腳。」這同樣是本末倒置。學習的效果與完整是教育的本質，遠比冷冰冰的數據來得重要。

很多高中三年畢業的學生卻只讀了二年的課程內容，嚴重影響學生的受教權益。依照嚴格的標準，只學會二年課程內容的學生怎能取得高中畢業證書呢？但因爲受到升學制度的影響，老師也只能無奈地看著還沒有學完的學生畢業離校，學生素質因而大受影響，教學現場因而嚴重扭曲，並導致高中的學歷失真。現行制度使得整體學生的素質下降，高中學習不完整，大學於是不得不開設補救教學課程，實在是整個國家教育資源的浪費。

正常的學習環境不能滿足需要，學生只好自己找出路，這也是補習班大行其道的原因之一。大學入學制度猶如指揮棒，引領著高中生的學習。高中學習不完整的問題不解決，不但影響學生競爭力，並將危害國力。

二、學測不符合適性原則

早期的聯考分甲、乙、丙、丁四組，甲組的學生不考地理、歷史，乙組的學生不考物理、化學。因此，數理邏輯強的孩子不需要辛苦地讀史地，語言人文強的孩子不需要去理解那些沒有感覺的公式，各自發揮其所長，就是一種適性。

但是，多元入學學測考的五大科實質上包括十科（國文、英文、數學、地理、歷史、公民、物理、化學、生物、地球科學等），理工科傾向的學生必須讀不喜歡的地理、歷史；文法科傾向的學生必須拼不擅長的物理、化學，不適性的不當壓力因而產生。讀自己不擅長或不喜歡的科目怎麼會有成就感呢？如果考試科目是自己擅長的，那是一個表現的機會，但如果是不喜歡的，當然就產生不必要的考試壓力，難以讓學生熱情學習而適性發展。

有人說，十科都考可以讓學生均衡發展，有助於全人教育。但到了高中階段，分組的設計不就是希望學生能適性分流嗎？因爲要考全科，於是教學內容較爲全面的第三類組人數大幅增加，許多喜歡文法（第一類組）或理工（第二類組）的學生為了準備學測而選第三類組。以建國中學為例，在三十年前，建中的丙組（醫或農）只有七個班（約三百五十人、百分之二十五），但二〇一六年建中高二的第三類組卻高達二十個班（約八百人、百分之六十），是因為喜歡讀醫或農的學生人數增加了嗎？非也。因為多元入學制度，整個高中的學習過程都被扭曲了。

三、個人申請功能未能發揮

二〇一六年春天，有一位陪兒子去參加某大學校系面試的家長回來說，到了學校就只有學系介紹及校園參觀。她質疑，這樣的面試要如何給分數呢？

個人申請的一個重要意義為提供學生紙筆測驗考不出來的能力有發揮的機會，然而，有些學校的面試徒具形式，實質上仍由學測考試成績決定。有些校系故意安排面試時間與其他校系的時間撞期，強迫學生選擇，以「忠誠度」考驗學生，使得學生喪失許多發揮的機會。如此操作不但無法達成多元選才的目標，使得「多元入學」的美意流於形式，更限縮了學生的教育選擇權。

二〇一七年五月，我應邀到一個民間社團演講，在場聽眾有五十多位。當我講到大學申請入學制度的問題時，有一位會員提問：「為何美國所廣泛採用的申請入學制度在台灣會遇到困難？」我說，美國的民情和台灣的不同，也就會有不同的施行狀況。

美國的高中一般讀四年，有較長的升學準備時間；美國有些大學的校友子女在申請入學時，只要註明爸媽是校友，就可以加分；美國大學教授的子女在申請爸媽任教的大學時，有更多的優惠。據報導，在申請哈佛大學時，少數族群、繼承生（父母為哈佛校友）、哈佛捐助者子女、哈佛員工子女、哈佛欲招募的運動員等五類族群可以獲得「小獎勵」（tips），也就是與哈佛有關係的申請者可以加分。在美國的一些公立學校也有這樣的做法。這在台灣是可以被接受的嗎？我當場詢問在座的會員，是否同意台大教授的子女在申請台大時加分？結果只有二位舉手同意，其他的都舉手表示不同意，這就是民情的不同。制度沒有好壞，而是看能否適用於我們的社會。

四、造假、洩題、靠關係等亂象頻傳

幾年前，有一位高雄家長在臉書上分享了一個故事，當他在餐廳吃飯時，聽到鄰桌有一對母子和一位教授在對話，那位教授說：「我大概就會問剛提過的那些問題，你好好準備。」之後就離開了，孩子向媽媽說：「我要去提醒參加同校系面試的同學。」媽媽說：「那怎麼行？」孩子接著很不以為然地回應：「那我們不就是在作弊嗎？」

利之所趨是人性，背景或關係主義的運作仍是民情的一部分。申請入學程序標準不一，部分有權、有勢、有關係的學生及家長為謀得最佳升學機會而採取各種手段。無權、無勢、無關係的學生及家長則無計可施，因此心生怨懟，埋怨不公不義的選才制度。在申請入學的名額提高後，關係有了更多的運作空間，不但公平選才的目標無法達成，並影響社會的公平正義。

二〇一六年有一則報導，某大學哲學系教授在臉書發文，指出該系當年申請轉出的人數共有五十七人，破歷年紀錄，差不多是該系一個年級學生數的一半。他表示，當初申請入學面試時，考生在口試委員面前展示對哲學愛好、描繪未來四年讀書計畫，「如今看來不過是像詐騙集團一般的伎倆。」有的學生為了拿到入學許可，扭曲甚至造假了自己的興趣；也有校系為了搶到學生而大開支票卻不能兌現。上下交相欺，這是我們希望見到的大學入學制度嗎？

五、升學制度成為賭局

大家都聽過「檢石頭」的童話故事：有一位小女孩走在布滿各種奇形怪狀美麗石頭的路上，看到了一塊喜歡的石頭就撿起來，愛不釋手，但想想不行，她只能撿一塊石頭，而那條路走下去不能回頭，前面可能還有更美、更好的石頭，於是，她立刻丟下手中的那塊石頭，繼續走下去尋找更喜歡的。小女孩就這樣一路煎熬，結果呢？

這樣的煎熬也發生在現行多元入學的制度上。很多在五月收到申請入學錄取通知的考生就面臨了是否要去報到的困難抉擇，因爲必須放棄申請入學錄取資格才能參加指考，但又不知道七月指考將考得如何？是否會失常？不確定因素（考運、考場環境、身體狀況等）太多，使得升學制度成了一場賭局。

有人說，要讓學生早一點「練習選擇」。但練習可以重來，孩子的教育卻是不能重來的。以升學作爲教育翻身的途徑是民情，爲何一定要讓孩子陷入賭局中呢？

六、考試入學比例過低

多元入學自二〇〇二年推動後的幾年，考試分發的招生名額比例始終維持在百分之七十五左右，因爲大多數的學生要參加指考，當時並沒有發生學習不完整、校園不安定的問題。但從二〇〇九年起，許多大學校系爲了搶學生、爭排名，持續提高甄選入學的名額，考試入學名額的比例於是由百分之七十三一路下降到二〇一七年的百分之三十。

由於甄選入學的名額太多，許多高三的學生不得不把握甄選入學的機會，再由於學測只考高一、高二的課程內容，於是高三的教學開始不正常。等到申請入學的面試階段開始，有的學生在準備指考，有的學生在準備面試，一校兩制。待申請入學放榜後，有的學生準備指考，有的學生則完全放鬆，更是兩樣情。校園於是長期處於不安定的狀態，學生如何好好學習呢？

爲了避免孩子在學校受到干擾，有的家長甚至在經過學校同意後，讓孩子請好幾個禮拜的長假，然後到補習班衝刺。不當的考試入學比例扭曲了學生的學習，使得學生及家長陷入長期的焦慮與不安。學測的重要性大爲增加，更引發了學習不完整及違反適性原則的問題。

七、多錢入學

申請入學實施之後，每年到了年底，在大學任教的高中學生家長可能就會接到學校的邀約，請家長幫忙進行高三學生的模擬面試。在申請入學名額愈來愈多後，更多的學生要準備審查資料及面試，升學顧問公司也如雨後春筍般出現。備審資料可以找顧問公司幫忙準備，面試的技巧及模擬也可找升學顧問。據報導，有的顧問費一個校系要收一萬元。因爲申請入學最多可申請六個系，於是有顧問公司喊出五萬元通包的價碼。

申請入學所費不貲，除了顧問費，還有申請費、交通費、治裝費、住宿費等，一個校系的申請費要收九百元到一千五百元，如果六個系都通過了一階篩選，那可能就要準備九仟元。如果面試的校系在同一天還得南北跑，搭高鐵的費用也不少，如果高鐵的標準車廂沒有位子，還得買商務車廂的票，如果家長還跟著跑，費用就更高了。

爲了讓孩子有機會進入理想的校系，多數家庭即使節衣縮食也會擠出錢讓孩子參加甄選入學，但就苦了經濟狀況不佳的家庭，有些家庭經濟弱勢的孩子可能就沒有機會參加面試，這樣是公平的嗎？如果社會階層因此更不易翻轉，如何能維持一個公義的社會呢？

依據招聯會於二〇一五年十二月公布的統計數字，一〇〇至一〇三學年度升大學的學生中，低收入戶孩子共有五千九百六十九人，其中經由繁星推薦的有六百九十二人（占百分之十一點六）、申請入學的有二千一百六十二人（占百分之三十六點二），最多的還是考試入學的三千一百一十五人（占百分之五十二點二）。中低收入戶的一千九百二十九人中，則有繁星推薦二百八十九人（占百分之十五）、申請入學六百五十七人（占百分之三十四）、考試入學九百八十三人（占百分之五十一）。低收入戶及中低收入戶的孩子以考試入學的比例皆超過百分之五十，如果他們能在前面的管道被錄取，爲何會在最後的管道才就定位呢？這樣的數據可被解讀爲，甄選入學不利經濟弱勢學生。

八、學生及家長陷於長期焦慮不安

每年一月學測考完，學生及家長就面臨長期的升學煎熬之旅，到八月初考試入學放榜，歷時七個月。升學制度過於強調多元，卻又不能做到眞正的多元，使得學生及家長無所適從。升學之旅複雜又漫長，面試還得南北奔波。很多聯考世代的家長都覺得，還是以前的聯考制度公平又簡單。

有人說，家長要放手。但孩子的升學之路關係著未來的前途，也關係著家庭的發展，怎能說放下就放下呢？有時間的家長可以幫孩子打點，沒時間但有錢的家長可以找升學顧問協助，沒時間也沒錢的家長只好不得不放手，讓孩子自求多福了。

九、變調的繁星推薦入學

幾年前，有一位家長很高興地告訴我，他的孩子順利經由繁星入學的管道進入某校醫學系。他孩子在升高中時，原本可以進入名校就讀，但選擇了社區高中，由於程度較好並在外補習，取得了很好的校排成績，於是在繁星入學管道脫穎而出，擊敗了許多學測成績相同（甚至更優）的名校學生。

教育部於二〇〇七年試辦繁星計畫時，提出的口號是要平衡城鄉教育資源的落差、照顧學習起點較弱的學生、深化高中職社區化的功能，打著「照顧弱勢」的旗幟大力推動。到了二〇〇九年，爲了配合十二年國教的推動，將繁星推薦的目標改爲「高中均質、區域均衡」，於是整個基調改變了。如果是要平衡城鄉教育資源的落差，爲何現在大部分繁星的錄取生仍是在六都呢？如果是要照顧學習起點較弱的學生，現在的方案使得程度好、資源豐富的學生留在社區高中，占用了繁星名額，那學習起點較弱的學生要如何被照顧到呢？

依據《高級中等教育法》，高中分爲四類：普通高中、技術高中、綜合高中、單科高中，不同類型的高中如何均質呢？即使是同一類型的高中，如果有一所學校的老師及行政人員辦學努力，將學生的學習成效帶起來，得到家長的肯定而爭相送孩子入學，難道爲了「均質」而要被打壓嗎？世界許多國家已受到「消滅菁英高中」的教訓，韓國、日本、英國都已改弦易轍，難道台灣要一再將孩子當白老鼠嗎？

不但繁星的目標有爭議且難以達到，繁星入學所引起的問題更爲嚴重。因繁星推薦採計在校成績及學測成績，仍然是以成績爲重，在比例提高（二〇一六年已達百分之十五）後，造成學生在校期間競爭加劇。有些學生爲取得較好的升學機會而選擇到社區高中甚至偏鄉高中就讀，然後靠補習取得好成績；有些高中甚至以「繁星班」招攬學生，反而使得偏鄉弱勢的孩子無法受惠；有些學生只讀兩年書爭取到好的在校成績，因爲學測不考高三範圍，高三的課程就不讀了；極少數學校爲協助學生取得繁星資格甚而擅改成績或排名，造成更大的不公平。

繁星推薦已失去原本規劃照顧偏鄉弱勢的意義，反而讓社區或偏鄉的強勢學生有了更多的機會。爲爭取繁星機會，還有家長將孩子送到偏遠地區讀高中，成了「就遠入學」，豈不與「就近入學」背道而馳？

有些繁星入學的學生進入大學後適應不良，因爲程度差距過大而無法適性發展。多所大學爲了照顧眞正的弱勢生，必須另設其他入學管道，如台大的希望計畫、清大的旭日計畫等。由於台灣升學主義依然是民意的主流，繁星入學制度變相鼓勵機會主義，造成不公，影響社會價值觀。這些狀況已讓繁星變了調，讓許多學生及家長「煩心」，並更助長了補習的風氣。

十、少子化浪潮下的大學招生困境

廣設大學之後，大學畢業生人數自一九八四年的約三萬人，到一九九九年突破十萬人，再於二〇〇四年超過二十萬人，二〇〇九至二〇一二年則在二十三萬人上下振盪，近年在少子化的浪潮下已逐年下滑。依據教育部的資料，二〇一六年全國大一新生約有十九萬九千八百八十六人（參閱附錄五），但到了二〇二八年，全國十八歲的青年只有十五萬七千二百八十二人，即使全部都讀大學，位子也補不滿，如果每所大學招生的人數不變，恐將有數十所大學面臨招不到學生的困境。許多大學為求生存，只得暫時放下一些崇高的教育理念，採取非常手段搶學生。

哪些手段可以採用呢？首先，就是先搶先贏，大幅增加甄選入學的名額，放寬錄取標準，提供優惠的條件，並設置各種障礙（如甄試撞期、參加指考必須放棄申請錄取資格等），強迫學生做出選擇，使學生不得不走上前述「撿石頭」的路。第二個策略就是要求教授不能當掉學生，不能嚴加管教，不能將「衣食父母」趕跑了。第三個策略則是結合同樣困境的學校，要求每一所大學，包括台大、成大、清大、交大、政大等名校，都要同步減少招生名額。

教育要能促進社會共同的美好生活，但有些大學的考量以招生為本位，而非以學生的學習為本位，導致亂象叢生。如果不能提供學生適性發展的環境，學生在畢業後因未受尊重或沒有公平適性的學習機會而無法翻身，這個社會怎可能美好呢？

對策

一、大學分類分級

喜歡打籃球的高中生，可以自己組隊打球，或是參加班隊；如果打得比較好，則可能會被選入校隊，打HBL高中籃球聯賽；如果非常傑出，就可以進入國家隊，打世界盃籃賽。不同程度與能力的籃球喜好或專精者，進入不同的管道訓練與不同的賽場打球，是理所當然的。

大學亦應如是，《大學法》第一條：「大學以研究學術，培育人才，提升文化，服務社會，促進國家發展爲宗旨。」即使是「研究學術」、「服務社會」，也有不同的等級或階段。孫文（一八六六至一九二五）曾說：「有一人之力服一人之務；有十人之力服十人之務；有千百人之力，則服千百人之務。」能力不夠強的學生，好好學習，可以解決小的問題，服數人之務；能力強的學生，在學習後可以解決大的問題，服衆人之務。我們要提供不同等級的研究學術學習環境，讓不同學術潛力的學生得以在最適性的環境下學習。

雖然《大學法》明定大學以研究學術爲宗旨，但在廣設大學之後，一百五十多所大學都在研究學術嗎？我們需要那麼多研究學術的人才嗎？當然不是，很多大學的主要任務是「技術發展」。現行大學招生制度就分成兩個管道，學術型、技術型分別由約七十所大學組成的大學招生委員會聯合會及另外約九十所大學組成的技專校院招生委員會聯合會訂定，可以說大學已做了分類。

但入學管道的分類是否代表學習的方式有所不同呢？並不盡然。有的科技型大學過於強調學術研究、發表論文，想要學高級技術的學生反而學不到，甚至有些技優保送生到科技型大學後，因爲學科能力跟不上而被退學。大學的定位如果模糊，很可能最後兩類的學生都照顧不好，耽誤了學生的學習。

一九九六年發布的教改總諮議報告書中倡議「高等教育容量應繼續增加」（廣設大學）是走過頭了，但另一個主張「高等教育學府的類型和功能宜多元化」卻尚待落實。大學可以在橫向分爲學術型、技術型兩大類，在縱向則可分三級：打國際盃的、培育高階人才的、培育基礎人才的。打國際盃的大學要培育國際競爭所需的人才，培育高級人才的大學則要培育出國內外產業需要的高階人力，培育基礎人才的大學則培養國內產業需要的基層人力。每一所大學都要定位清楚，並依其定位落實執行，開授適當的課程，錄取適合的學生就讀。

如此的大學分類分級符合尙賢階梯架構的民情，讓學生得以適性選擇，並使產業界在選才時有更明確的依據。

二、台灣需要學術國家代表隊

爲何台灣要有打國際盃的大學呢？二〇一七年，中華棒球代表隊在世界棒球經典賽中苦呑三連敗，全國民衆大失所望，並引發國人對棒球國家代表隊選訓制度的質疑。英國高等教育機構QS則於二〇一七年三月公布了全球大學各類學科排名，台大首次在藝術與人文、工程與科技、生命科學與醫學、自然科學、社會科學與管理學等五大主領域進入世界前五十大，台大的學術成就在各項國際大學評比的表現始終是台灣最亮眼的。但是，台灣大學在英國《泰晤士高等教育》期刊公布的世界大學排名從二〇一二年的一百一十五名，一路下滑到二〇一八年的一百九十八名，國人可以接受嗎？

在二〇一七年學測成績出來後，香港的大學立即積極爭取台灣高中應屆畢業生去就學，並提供學測滿級分的學生四年獎學金數百萬新台幣。有學生說，香港有幾所大學的世界排名還在台大前面，全英語的學習環境更具國際競爭力，所以很認眞地考慮去求學。據教育部統計，高中應屆畢業生出國留學的人數從二〇一〇年的五百五十六人增加到二〇一五年的一千四百四十三人，五年增加了一點六倍，二〇一七年申請國外升學的北一女學生從前一年的三十五人增加到八十五人，二〇一八年有約百分之十（一二〇人）的建中畢業生選擇到國外讀大學。如果台灣沒有學術國家代表隊，而將優秀學生拱手送到國外去培育，之後留在國外發展，將是台灣的重大損失。

法國在一七八九年大革命時標榜「自由、平等、博愛」，是一個非常重視平等的國家，但爲了培育學術國家代表隊，設置了多個高等專業學院，包括綜合理工學院（EP）、國立行政學院（ENA）、高等師範學院（ENS）等，其選才方式是在法國大革命後，爲了打破之前的貴族壟斷大學資源的僵化制度，而參考中國唐朝科舉制度訂定的，歷經兩百多年，學生要經過嚴格的「競試」才能入學。高等專業學院的學生人數約占全法國高等教育體系學生人數的百分之五，所培育的人才維繫了法國國力於不墜。雖然法國政府在高等專業學院投入了大量的資源，但仍受到法國民眾的高度肯定。

台灣是一個海島型的經濟體，面對強大的國際競爭，如果人才不足，要如何發展經濟及國力？爲了讓具學術天賦的孩子能發揮所長，爲了提升國家的競爭力，台灣需要具國際競爭力的學術國家代表隊。在少子化浪潮來襲之際，有些大學或許面臨生存的壓力而不得不搶學生，但我們必須要讓學術研究人才在這個浪潮中仍有出頭的機會。目前的大學入學制度已使得前端大學理工方面的新生程度有逐年下降的趨勢，建構完善之學術國家代表隊選才方案爲當務之急，並應儘快施行。

台灣可比照法國，設置多所打國際盃的學術專業大學，提供足夠的資源，培育學術能力前百分之五的國家代表隊人才。爲確保培訓人才的品質，可比照體育國家代表隊的方式，建立嚴格的選拔及淘汰制度。學術頂尖大學每年可淘汰約百分之十的學生，並再選拔相同數目的學生進來，以換血的方式達成維持學術國家代表隊實力的目標。

三、加速大學退場

二〇一三年，當時的內政部長李鴻源認爲，廣設高中大學所造成的後遺症，在法律上已無解，已是政治問題，應務實面對，並提出私校退場的建議方案：私校土地可以變更爲商業用地，然後六到八成回饋給校董。但該方案在提出後，立即引發各方的批判，有人認爲那是圖利財團，可能會讓有些私校爲圖利而惡性退場，有人堅持私校的公共性不容扭曲。然而，如果沒有給私校一些誘因，少子化後，有些私校寧可苟延殘喘，也不願退場，造成學生學習權益的損害，誰來彌補呢？

《私立學校法》在二〇〇八年對於設校做了原則性的修正，第一條的原條文爲：「爲促進私立學校之健全發展，提高其公共性及自主性，以鼓勵『私人捐資興學』，並增加國民就學機會，特制定本法」，強調私校的公共性，並指出私立學校是私人捐助資金而辦理的，既然是「捐資」，當然就不是以營利爲目的，如果有盈餘，就要回歸到學校。但修正後的條文成爲：「爲促進私立學校多元健全發展，提高其公共性及自主性，以鼓勵『私人興學』，並增加國民就學及公平選擇之機會，特制定本法。」固然「公共性」還留著，但「捐資」那兩個字沒有了，是否意涵容許私校辦學收益回歸私人所有呢？

如果任由目前的大學辦不好而自然淘汰，那樣的過程不但漫長且艱辛，更是學生的惡夢。許多學校爲了生存而搶學生，所採取的謀略更影響到了全體學生的權益，整個的入學制度及高等教育都因此而被扭曲。大學退場的問題必須及早解決，那不但是教育問題，更是國安問題。雖然行政院已於二〇一七年十一月二十三日通過《私立大專校院轉型及退場條例》草案，訂出退場條件及輔導辦法，但誘因不足，三年的輔導期過長，恐效益不彰。採註冊率作爲退場指標，更可能引發進一步搶學生的浪潮。

非常時期要用非常手段。沒有足夠的誘因恐無法在短時間內讓幾十所大學退場，政府應該提出獎勵措施，可以將退場清算後的資產（硬體建設）依比例（二成以下）回歸給原來辦學的財團法人，作爲其他的公益用途。要讓辦學績效不佳的大學有活路的退場，才是解決之道及學生之福。

四、確保高中三年完整學習

二〇一六年三月，招聯會公布了一項統計結果，根據一〇〇至一〇三學年度的三十八萬筆學測考生資料，以大數據分析經繁星推薦、個人申請入學及考試分發進入六十五所大學後的表現，發現透過繁星上大學的學業平均表現最佳，申請入學次之，考試分發入學再次之。招聯會於是聲稱，因爲考試分發入學的學生學習最爲完整，但進入大學後的表現卻最差，所以，沒有學習不完整的問題。

在另一方面，台大李維倫、古慧雯、駱明慶、林明仁等人則於二〇一六年發表了一篇名為「入學管道與學習表現」的論文[1]，以九十六至一〇三年的台大入學生為樣本，比較各入學管道學生大一和大二的平均成績，結論為：在控制學測成績變因下，經由考試入學管道進入台大後，在微積分、物理和化學等基礎科目表現優於學測成績相當的申請入學學生。這個統計結果顯示，高中三年完整學習確實影響到學生的程度。

兩個統計分析所採用的數據都有其信度，但卻得出了不同的結論，顯然，要如何判斷學習完整是否重要值得進一步探討。但如同前一節中所述，既然高中排了三年的課程，就應該讓學生好好學完，這是教育本質的問題。入學制度設計導致學習不完整，就違背了教育的基本原則。

在多方的努力下，招聯會終於在二〇一七年三月注意到這個問題的嚴重性，而將申請入學的時間延到五月，但學測的時間仍維持在二月，並維持「考招考招」（學測→甄選入學→指考→考試入學）的順序，未採取「多管道一次分發」的作法，仍難完全解決學習不完整的問題。

五、考試入學的比例依民情而定

許多人推崇美國大學全面申請入學的制度，但民情不同，能否適用於台灣呢？我在幾年前參加美國馬里蘭大學（University of Maryland, College Park）校友會聚餐時，遇到馬里蘭大學的校長，我提到我孩子以後可能會申請馬里蘭大學，那位校長說：「非常歡迎，要記得在他的申請資料中提到他爸爸是校友，會有加分效果。」不只是校友的子女，美國很多大學教授的孩子有更多的機會申請到父母任教學校的入學許可。有人說只要捐給美國哈佛大學幾百萬美金，孩子就可以拿到哈佛的入學許

[1] 李維倫、古慧雯、駱明慶、林明仁，「入學管理與學習管道」，台灣經濟學會年會，二〇一六年十二月。

可。如果可以那樣，台大的校務基金就不虞匱乏了。

提供多元的入學管道有其必要性，可以讓不同屬性的孩子有發揮的機會，但重點是如何落實並做到公平。如前所述，二〇一五年TVBS所做的民調顯示，有百分之七十的民眾認爲考試入學比較公平。到了二〇一七年，依據黃昆輝教授教育基金會的民調結果，全國只有百分之三十五點四的民眾可以接受申請入學比例愈來愈高的情形。換言之，大約三分之二的民眾對申請入學管道愈來愈寬是不放心的。

教育制度應以民情爲本，學習的第一個條件就是要讓學生及家長定下心來，所謂「定而後能靜，靜而後能安，安而後能慮，慮而後能得」。依目前的民情，考試入學的比例宜以三分之二爲原則，但這個比例可以隨著民意而調整，等到大家覺得申請入學的操作有效也很公平了，就可以提高申請入學的比例。

六、不能讓升學制度成爲賭局

二〇一八年申請入學放榜，許多學生嚮往的輔大醫學系竟然沒有招到學生，頂尖大學的台大有一百三十六個缺額，成大、清大、交大、政大亦各有一百零七、一百五十九、八十、二百零五個缺額。在另一方面，二〇一八年學測滿級分的學生有二百五十九人，其中有二百二十四人參加申請入學，竟有二十三名落榜。有那麼多的滿級分生落榜，又有許多頂尖大學校系招不到人，就表示制度上出了問題。

現在的申請入學制度如同賭局，學生只能填六個志願，但又不知道在第二階段甄試時的表現將如何，於是在充滿焦慮的狀況下選了夢幻的、有機會的、有把握的各一至三個志願，如果沒有選好，即使滿級分也會落榜。在另一方面，大學校系在決定錄取名單時，並不知道其他的校系錄取狀況如何，一旦重疊太多，就會產生缺額。此種諜對諜的狀態不但存在於學生與學生之間，也存在於校系與校系之間，於是，搶學生蔚爲風潮。

爲了搶學生，有些校系使出渾身解數，面試不是面試，而是校系說明會。有的校系更故意讓面試時間與其他校系撞期，強迫學生做選擇，美其名爲「適性選擇」，實則爲強迫學生「賭一把」，嚴重侵犯了學生的教育選擇權。二〇一八年四月十四日，有四百五十六個大學校系在同一天進行申請入學二階段甄試，其中包括台大的二十五個學系，造成許多學生及家長的徬徨及焦慮。

事實上，只要志願數及篩選倍率受到限制，這個系統的不穩定性就無法避免。申請入學制度的概念來自美國，但美國高中畢業生在申請大學時，並沒有校系數的限制；美國大學在考慮學生的申請時，也沒有名額的限制。台灣移植了一個四不像的申請入學制度，又大幅增加申請入學的名額，不但造成學習不完整的亂象，並導致學生及大學校系皆焦慮與不安。

現在國外大學來台搶學生愈見積極，如果學生在國內的好機會不夠多，大可以用腳投票，到國外讀大學。二〇一八年就有一位學測滿級分生原本想讀台大電機系或物理系，但因兩系甄試時間撞期而只能選擇一個，後來沒被錄取而決定去讀香港中文大學。爭取最好的教育資源是每一個人的權利，我們只有祝福。但如果台灣因此而流失了人才，那就是國家的損失。甄試撞期剝奪了學生的機會，構成了台灣內部的斥力，如果外在的拉力夠大，人才就留不住了。

學生的教育選擇權不能被剝奪，同屬性校系的甄試撞期的問題必須解決，如果爲了節省人力、物力，可以考慮採「聯合甄試」（筆試或面試）的方式。爲提供學生更多的機會，志願數必須增加；爲讓校系有更多的人選，篩選倍率必須提高。選才是大學教授份內之事，二階甄試的報名費應降低，並提供經濟弱勢生更多的優惠。

七、入學制度採多管道一次分發

二〇一二年，美國學者Roth（1951-）及Shapley（1923-2016）因「穩定分配理論及市場設計實踐」獲得諾貝爾經濟學獎。他們所提出的「延遲接受演算法」解決了許多社會實際問題，如實習醫生分配、法官找書記官的爭議、以及紐約市及波士頓公立學校學生選讀高中等問題。二〇一六年十月出版的《創造金錢買不到的機會》專書中文版詳述了該方法之基本概念及應用實例。事實上，該方法的概念現已在台灣使用，二〇一五年開始採行的十二年國教「免試特招一次分發」做法就是一例，有效地化解了「先免後特」還是「先特後免」的爭議。

目前大學多元入學採用「考招考招」的程序，且必須放棄前面的錄取資格才能進入下一個階段，這樣的方式衍生了許多的問題。不但學生焦慮，校系也擔心缺額太多，澈底的解決之道就是採用以延遲接受演算法爲基礎的多管道一次分發。

「多管道一次分發」的做法如下：高三學生在考完基本學科測驗（國文、英文、數學）後，可選擇進入申請入學程序（參採備審資料），但爲確保學習完整，申請入學的辦理必須在高三畢業後才能啓動。各校系申請入學於六月公布正備取名單，但不進行後續的分發報到作業。學生在知道自己的正取校系（可能不只一所）後，即考慮是否接受，如果有願意就讀的校系，就塡寫志願等待分發，不需要再參加專業科目測驗（指考）。如果想要有更多的機會，則再參加專業科目測驗與考試分發。之後兩個（多元）管道一起進入延遲接受演算法的程序，依學生志願擇優錄取，申請入學及考試入學可同步分發。

這個方案並無聯考復辟的問題，也非一試定終身。依據諾貝爾經濟學獎的得獎理論，該方案的配對方式是穩定而最優的。現在申請入學錄取的學生，必須放棄錄取資格才能參加指考，使得學生在做選擇時，十分焦慮，因爲指考的變數太多，而陷入「下一個石頭會不會更好」的煎熬中。多管道一次分發容許學生保留申請入學的錄取名額，避免因不得不作選擇而無法適性。這樣才能落實學生的教育選擇權，也才能讓學生安心、家長放心，避免「高分低就」的錯置情況發生，入學制度也不致成爲賭局。

雖然技術上不成問題，但大學招聯會是否願意接受呢？有些大學爲了搶學生及自身利益，不惜罔顧學生的教育選擇權。大學因少子化而面臨的生存問題應該要用政策手段來解決，不能爲了大學的生存而犧牲了學子的權益。

第六章　學用落差——是學歷還是學力？

依據主計總處於二〇一七年一月發布的受僱員工薪資調查國情統計通報，台灣實質薪資成長率長期呈現縮減之勢，近十年平均每年僅成長百分之零點一。常聽到產業界人士聲稱找不到人，卻又聽到很多大學生畢業找不到事，學用落差益形擴大，問題出在哪裡呢？

簡述

我們可以從人才培育及人力需求的狀況看出一些端倪。依照教育部的統計資料，民國七十二學年到一〇三學年的各級學校畢業人數如下頁圖一所示。

大學畢業生人數在一九八六年（三十二年前）約四萬人（大學約三十所），當時的同年齡人口數爲四十二萬人，高等教育淨在學率約百分之十。到了一九九九年，大學畢業生人數突破十萬人，並於二〇一四年超過二十萬人，近幾年則在二十三萬人上下振盪，而同年齡人口數約爲二十七萬人，高等教育淨在學率則高達約百分之七十一。

專科（五專、二專、三專）畢業人數則從一九八六年近四萬人，增加到一九九九年的近十三萬人，之後就一路下降到二〇一六年的約一萬七千人。許多專科學校在廣設大學政策的推動下，升格成爲大學。

在高中職方面，高中畢業人數從一九八六年近六萬人增加到一九九九年的近十萬人，再增加到近幾年約十一萬人。高職畢業人數則從一九八六年超過十二萬人，增加到一九九六年的近十六萬

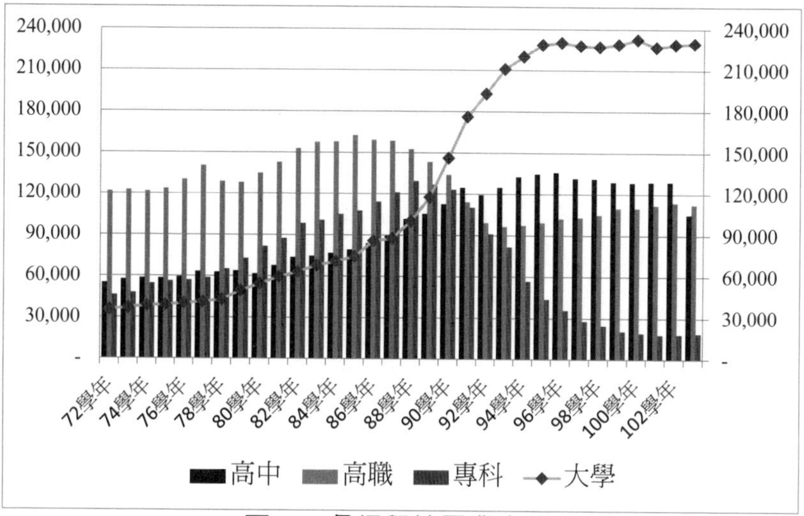

圖一 各級學校畢業人數

人，之後下降到近幾年約十一萬人。

大學以研究學術爲首要宗旨。當我們每年培育出二十多萬名大學生後，那麼多的畢業生都要從事學術或專業研發的工作，但是否台灣的產業眞的「轉型」了嗎？台灣眞的從所謂資本或技術密集的產業提升爲「知識經濟產業」了嗎？

我們來看看人力需求的狀況。依據國發會統計的資料，在全國約九百萬的從業人口中，各職務就業人數占整體比率如圖二所示。

專業人員從二〇〇五年的百分之十增加到二〇一五年的百分之十二，技術員及助理專業人員則從百分之十六增加到百分之十八，雖然略有增加，但這兩類適合大學畢業生從事的職務，過去十年來占總就業人口比例大約仍在三成左右，並沒有顯著的成長。而較不需要大學學歷的事務工作、服務人員、設備操作工等，占比則超過了總就業人口的六成。

顯然，過去十年來，產業界對研發人力或技術員的需求沒有大幅的增加，但我們訓練出了那麼多的大學畢業生，這些大學生畢業後要去哪裡找適當的工作呢？另一方面，台灣以中小企業爲

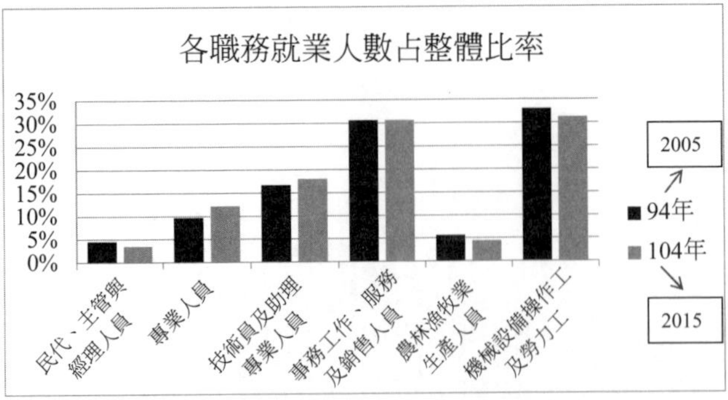

圖二　各職務就業人數占整體比率

主，產業界所最欠缺的是勞力工、操作員（製造業）或服務工作人員（服務業），但有些大學生不願意做，又無適當的人力可用，當然就大嘆找不到人。

除了人數的問題外，在廣設大學後，許多專科學校升格爲科技大學，但因爲升格需要有一定比例之博士資格教師，因此聘請了許多博士爲助理教授。由於教師升等時要看論文的表現，於是即使科技大學的教師也拼命寫學術論文，並迫使原本優異的技術人員因無法升等而逐漸離開，使得學生實用技術訓練不夠紮實，所習得之技能不符合企業所需。

評析

爲了解產業界對學用落差問題的看法，我在二〇一六年三月進行了一項產業調查（問卷參見附錄七），徵詢了二十家成立十五年以上的公司高階主管或人事部門的意見，這些公司包括：

製造業：波若威科技、鴻海、創見資訊、台中精密機械、東元電機、台灣明尼蘇達礦業製造（3M）、明安國際企業、儒鴻企業、冠億齒輪、緯航企業、開發工業、上銀科技、花王（台灣）、康舒科技

工程服務業：中鼎工程

服務業：一一一人力銀行、安心食品（摩斯漢堡）、藝

珂人事顧問

特殊專業：台灣莫特麥克唐納工程顧問公司、北美智權

在回答「請問貴公司新進人員（社會新鮮人）在學校的訓練與職場的需求是否有落差？」時，有十九家公司認爲確實有落差，只有一家說沒有落差。那在什麼地方有落差呢？塡答如下：

1. 非台灣政府重視產業，學校研究機構人才匱乏；
2. 態度、職業道德、價值觀；
3. 公司專業面非學校能提供；
4. 追求績效表現的意願不足；
5. 觀念；
6. 基礎學科能力、實際操作能力；
7. 公司對於新進事務人員的態度要求大於專業能力的要求，新進人員表現未能如他們自認爲的好；
8. 產業認知（含國際、市場趨勢、工作態度、學習方向、個人規劃……）；
9. 專業技術應用不足。

接下來的問題是：「請問貴公司認爲造成當前學用落差的主要原因爲何？」，問卷提供了六個選項，請各公司任選三項，統計結果較高的四項爲：

1. 實用技術訓練不夠紮實、未達應有要求（十四家）；
2. 品格教育未能落實，致使學習態度偏差（十一家）；
3. 學習意願不高（九家）；
4. 學校所訓練技能之方向、內容不符合企業所需（九家）。

顯然，專業技能、態度及學習意願是造成學用落差的主要原因。

問卷再問「請問貴公司招募新進人員（社會新鮮人）時，會優先以哪些條件作爲求職者能否通過履歷篩選/進入面試之門檻？」，並提供十五個選項，每一家公司可任選五個。選填結果依序爲：專業技能（十四家）、畢業校系（十一家）、工作經驗（十一家）。

接著在回答問題「通過履歷篩選/進入面試者，公司會優先以哪些條件作爲錄用標準？」時，最多的選項則爲：工作適應能力（穩定抗壓性）（十二家）、專業技能（十家）、學習意願（九家）。

從這個結果來看，畢業校系在第一關是有用的，但到了第二關，就要看求職者的表現，首重態度，其次爲專業技能。

過去二十年來，我們教育體系訓練出來的人力素質有何變化呢？我們請各公司就其過去十五年來新進員工（社會新鮮人）到職後的表現做一個比較。依答案整理如表七。

從表七可以觀察到：二〇一五年進入職場的新鮮人在外語能力、電腦能力、創新創意能力表現較佳，但在其他方面，特別是產業界最看重的工作適應能力（穩定抗壓性）、專業技能、學習意願等，皆敬陪末座。而二〇〇一年進入職場的「聯考世代」則在專業技能、團隊合作、工作適應能力及配合度的表現上獲得了產業界較多的肯定，聯考的洗禮對於學子專業的培養及抗壓性的訓練或許有一定的幫助。

綜括來說，嚴重的學用落差問題歸因如下：

◆ 產業界適合大學畢業生從事的工作（助理專業人員或專業人員）的從業人數加起來不超過四成。但我們訓練出了那麼多的大學畢業生（已達七成），這些大學生畢業後要去哪裡找適當的工作呢？

◆ 台灣以中小企業爲主，產業界所最欠缺的是勞力工、操作員（製造業）或服務工作人員（服務業），但大學生不願意做，又無適當的人力可用，當然就大嘆找不到人。

表七 過去十五年來新進員工（社會新鮮人）到職後的表現

核心能力	2001年	2008年	2015年
(1)外語能力	╳	△	○
(2)專業技能	○	△	╳
(3)電腦能力	╳	△	○
(4)解決問題能力	△	○	╳
(5)表達溝通能力	△	○	╳
(6)業務能力	△	○	╳
(7)團隊合作	○	△	╳
(8)工作適應能力（穩定抗壓性）	○	△	╳
(9)學習意願	△	○	╳
(10)創新創意能力	╳	△	○
(11)配合度	○	△	╳

註：○最佳；△中間；╳最弱

◆學校實用技術訓練不夠紮實，所訓練技能之方向、內容不符合企業所需。

◆教改實施二十多年來，固然畢業生在創新創意能力、外語能力及電腦能力上有進步，但在產業界用人最需要的工作適應能力、專業技能及學習意願上皆有退步的狀況。

◆年輕人對於未來的目標不夠明確，動機不強，在學習態度、抗壓性、職業道德及價值觀上皆與產業需求有所落差。

教育體系培養出來的人不能符合產業的需求，當然產業界就會覺得當前學用落差問題的嚴重。顯然，過去這二十年來的教育政策出了問題，必須要趕緊調整方向。

對策

有一位產業界的朋友告訴我，現在年輕人只要有禮貌、能刻苦耐勞，大家都搶著要，態度的重要可見一斑。要如何解決學用落差的問題呢？我們先聽聽產業界的想法。

一、產業界的藥方

在前述產業調查的問卷中，我們繼續問「貴公司認爲企業端應如何解決職場既存學用落差的問題？」在七個選項中，產業界所提出的藥方主要爲：

1. 透過公司內部訓練來彌補技能落差（十九家）；
2. 建立一套長期規劃的人才升遷遞補體系（九家）；
3. 進行工作輪調（九家）。

雖然增加公司內部訓練可解決技能落差問題，但那將提高成本，使得公司產品的競爭力降低，大公司尚可承擔，而台灣產業主力的中小企業能負擔嗎？

在回答「貴公司認爲學校教育應如何調整，以縮減學用落差？」的問題時，在八個選項中，較多產業界的選擇爲：

1. 應強化品格教育，以導正學生學習態度（十二家）；
2. 技術訓練應澈底落實（十一家）；
3. 加強既有學科深度與廣度（九家）；
4. 應提高畢業門檻（六家）；
5. 應通盤修改課程內容與教學、技術訓練方向（六家）。

顯然，品格教育、學習態度、技術訓練是產業界最重視的。值得注意的是，在那八個選項中的「調整升學制度」只獲得兩家公司的勾選。產業界認爲改善既有教學方式的重要性遠大於調整升學制度，但十二年國教政策卻是先調整升學制度，再來研擬課綱，明顯本末倒置，政策制定與產業界的期待也有很大的落差。

二、強化品格與職場倫理教育

二〇一六年十一月，素負盛名的台灣大學爆發違反學術倫理案件，多位醫學院教授發表的論文涉及造假、不當掛名，引發社會高度關注，並間接導致當時的台大校長做出不續任校長的決定。這些犯案的台大研究生或教授為何會鋌而走險呢？在學術界發生這樣的事，在產業界或政界恐不遑多讓，台灣二〇一三年的代表字就是「假」。究竟品格教育與倫理教育要如何落實？

公義誠信的社會是大家都期待的，但到了自己面對時，可能就便宜行事。過去教條式的品格教育教導方式（例如背誦《弟子規》等）恐已不合時宜，我們要從引發學生學習品格教育的動機做起，要讓學生知道，品格教育其實就是在教做人的道理、待人接物的方式。

如同儀器設備需要說明書才能順利操作，品格教育內容就是如何做人的操作手冊，能夠讓人與人之間的關係更為和諧，事情的處理更為周延。常有人說：「做事容易做人難」，其中的一個可能原因就是品格教育沒有做好。品格教育要和生活教育結合在一起，滿足每一個人都要被「尊重」的需求。要讓學生知道有了好品德以後，未來的生活才會更美好。學生有了學習好品格的動機，並且身體力行，從不抄作業、不作弊、不說謊做起，品格教育才能落實。

有了動機，還是不夠，畢竟人性都是有弱點的。在重大利益的引誘下，很少人能夠不為所動，但如果只有心動就罷了，如果訴諸行動，可能就會鑄下大錯。這時，就需要有適當的警告或制約，在學校是校規，在工廠是廠規，在社會是法律。違背了這些制約或規範，就要有罰則，作為警示。在面對學術倫理的問題時，如果造假、不當掛名能分別以「偽造文書」、「登載不實」罪論處，相信必能嚇阻許多學術界的投機行為。

許多業界老闆抱怨，因為學校品格教育沒有教好，現在很多的大學畢業生不好用，沒有禮貌，也沒有抗壓性，一遇到困難就跑走了，沒有責任感。品格教育離不開法治教育，而學校是第一個學習與訓練的環境。學校要讓學生充分了解校規，如有違反，就要適當的懲處，不能養成學生的僥倖心理。抄襲、作弊都要實質處罰，要給學生當頭棒喝，但也要讓他們有自新悔過的機會。「愛的教育」要搭配「鐵的紀律」，過於強調善意的輔導管教恐無法遏止學生的投機心理，如果帶著投機的態度進入職場，就會導致個人及產業的雙輸。

不但是業界，學界在選才時，也非常重視品格。李遠哲曾於二〇〇六年應邀到北一女演講，在回答選擇學生條件的提問時，他表示品格、體能、創造力、合作能力、學科能力是他最看重的，品格居首位。如果沒有好的品格，做出來的研究結果可信嗎？如果沒有毅力與耐力，遇到問題就退縮，如何能解決具挑戰性的問題呢？

有些職場倫理可能是學校老師不熟悉的，例如產業界的師徒制、學術界的論文掛名方式等。爲強化職場倫理教育，可以引進業師進行講授，餐飲科談餐飲業的職業倫理，汽車修護科講汽車修護業的職業倫理。在學校學習時有了這樣的認知，到職場工作後就不會動輒得咎了。

三、大力推動適性教育

有了好的品格，還要有好的學習態度。東元電機公司在選才時，應徵者要接受DISC（D: Dominance支配型、I: Influence影響型、S: Steadiness穩定型、C: Consciousness覺察型）的人格測驗，將受試者分爲老虎、孔雀、無尾熊、貓頭鷹等四類，再依照應徵者的特質來做工作的安排。如果工作的性質是員工所適合的，當然員工就會願意學習。

適才適所是適性教育努力的目標，其內容參見第八章。學校教育要做好學生的適性探索與輔導工作，讓學生早一點認知自己適合的發展方向，並提供適性學習的環境。學生畢業後能找到適性的工作，方能揚才。過去走過頭的「減輕壓力、快樂學習」路線必須修正，要以強化抗壓性及增進學習意願的「適度壓力、熱情學習」爲目標。

四、強化技職教育

品格及態度培養好了，就要加強專業技能的訓練。不同職場、不同職位需要的技能不同，當然就要依其需要適應調整。教育主管機關應協助建構教育界與產業界的對話平台，增進相互認識，以調整教學方式，減少落差。技職教育的問題及強化將於第七章深入探討及說明。

五、落實學訓考用制度

二〇一八年三月，媒體報導了一則在PTT上引起廣泛討論的貼文，原PO表示，很多高職都有「瘋狂鼓勵學生考證照」的風氣。但考取證照後，似乎只有在報名免試升學時，才有評審會加減看一下，幾乎沒有其他用途。原PO問：「有高職最大騙局是丙乙級證照的八卦嗎？」有人回應：「找工作根本沒用」、「丙級只要你是人，有正常智力就能過」、「只是積灰塵用的廢紙」等。證照制度出了什麼問題呢？

在廣設大學前，學術型、技藝型學生的分流機制頗爲完備，技職學生在學校畢業後，可以到職訓中心接受幾個星期到幾個月的職前訓練，然後參加證照考試取得執照或認證，產業界用人單位即可依據證照選材，這樣「學、訓、考、用」機制的建置有效地減少了學用落差的問題。

但現在呢？由於很多的高職畢業生繼續升大學，在科技大學畢業後直接就業，各地的職訓中心功能逐漸弱化，據了解，只有台北及台中的職訓中心仍在正常運作。於是，「訓」的功能成效不彰。證照考試方面，在證照補習班的介入下，證照的取得未必能反映眞正的技術能力，使得用人單位已不能只看證照，還必須另外自辦檢定，於是「考」的功能亦不能充分發揮。許多產業公司必須自己進行人才的培育及養成，對於規模不大的公司造成負擔。

「學訓考用」的體系如果少了「訓」及「考」，從「學」直接到「用」少了轉換機制，當然就會有落差，落實學訓考用的機制，才能有效解決學用落差的問題。

六、推動新創產業

要解決學用落差的問題，安置如此多的大學畢業生，除了調整學校教育外，產業界也要加速升級，推動科技創新，善加利用台灣豐沛的人力資源，符合知識經濟時代的需求。

一九八七年諾貝爾經濟獎得主羅伯特．梭羅（Robert Merton Solow, 1924～）將經濟總體增長歸因於勞動、資本和技術進步三者。在當前科技掛帥的時代，誰能掌握科技創新，誰就能引領風潮，美國因此於二〇〇九年開始大力推動STEM教育（參見附錄二）。台灣的產業如能跟上科技創新的浪潮，才是眞正的產業升級，才能澈底解決學用落差的問題。

成功發展新創產業的以色列經驗值得參考。台灣在一九八五年就已經引進了創投的概念，以色列則是直到一九九二年才有第一個創投基金。但依據《創業之國以色列》[1]一書所述，以色列在二〇〇九年已有約三千八百五十家初創公司，並吸引了二十億美元的國外創業投資，以色列公司有六十三家在美國那斯達克股市上市，占全部在那斯達克股市上市的非美國公司的百分之四十五。以色列是如何做到的呢？

以色列大學生的淨在學率大約是百分之四十五（台灣已達百分之七十以上），但爲何沒有嚴重的學用落差問題？主要原因爲以色列的新創產業發達，吸納了許多大學生。《創業之國以色列》將以色列新創產業所以能蓬勃發展的主要因素歸類於以下幾項：

1. 以色列人自幼就在常年備戰的環境中長大，逆境就和需求一樣，能培養出創造力。

[1] Dan Senor, Saul Singer, *Start-up Nation: the story of Israel's economic miracle*（創業之國以色列），2017。

2. 以色列國防軍訓練出一批具有軍事背景的創業家，有堅忍的毅力、團隊工作的精神、旺盛的鬥志與企圖心。
3. 以色列文化陶冶以色列人對權威不斷的挑戰，經常懷疑既有的或傳統的觀點，習慣容忍失敗，有跳脫世俗框架的決心。
4. 以色列由來自世界不同地區的移民組成，以色列人又有浪跡天涯的癖好，所以能掌握世界的脈動，具有冒險精神，容易成功地打入新經濟體中。
5. 學校教育及軍事訓練讓學生了解很多事，在年輕的時候就能獲得許多經驗和觀點，學會要訓練心智來完成目標，變得成熟，而可以從事跨領域的創新。
6. 愛國意識及「自己人」的認同意識造就成功的群聚。

在逆境中才有需求，有需求才能激發創造力，所發展出的產品才能符合民眾之所需，也才有市場。如果只要「小確幸」，如何能培養出創業精神及堅忍的毅力呢？

依據國家發展委員會（以下簡稱國發會）網站二〇一六年發布的訊息：「去（二〇一五）年獲創投及企業投資的新創事業計二十九家，總投資金額約新台幣一百五十點三億元，相較於二〇一四年十四家新創事業、投資金額新台幣五十三點二億元，無論在家數或金額上都大幅成長。」但這個創投業投資金額與比我們起步還晚的以色列相形見絀，台灣還要大力推動，重點是「成功」的新創事業家數能否成長。台灣天然資源有限，國家的發展要靠人才，科技創新是未來台灣經濟發展之道，必須汲取他人的長處，擬定符合我們國情的推動策略。

七、落實計畫教育

在經濟學的理論中，計畫經濟指的是政府依據國家整體計畫，提出國民經濟和社會發展的總體目標，規劃重大經濟活動，屬於戰略層級。經濟計畫則是在計畫經濟的架構下，對各種經濟活動的籌畫與安排，屬於戰術層級。

同樣地，教育也有「計畫教育」與「教育計畫」，後者指的是針對教育問題提出解決方案，例如十二年國民教育實施計畫。計畫教育則是從整體國家發展的角度思考，針對國家人力供需狀況，提出教育大政方針。

以餐飲科爲例，依據教育部的統計資料，高職餐旅群每年的畢業學生人數從二〇〇三年的七千二百九十三人，增加到二〇一二年的二萬一千九百四十八人，爲原來的三倍。在另一方面，台灣餐旅業職場需求雖然也有增加，但幅度低於人才培育的速度，依據勞動部的資料，過去十年住宿及餐飲業的從業人數從二〇〇三年的十三萬九千二百三十八人增加到二〇一二年的三十萬五千六百四十九人，約爲原來的二倍。有鑒於此，教育部已開始管控餐飲科的招生人數，不能擴張太快。如果學生在畢業後沒有適合的工作，必然發生學用落差的問題。

英國爲統合教育與就業的事務，使得人才培育與產業用人能密切配合，在一九九五年將教育部改名爲「教育與就業部」（Department for Education and Employment, DfEE），就是一種計畫教育的思維。

國發會則從二〇一一年起，協調各部會辦理重點產業人才供需調查及推估工作。這項工作在二〇一五年《技術及職業教育法》通過後，擴大到全部的產業，該法中並規定：「主管機關應衡酌區域產業及個人就業需求，配合社會、經濟及技術發展，規劃所轄學校技職教育之實施。」能否落實有效執行呢？

我們有聽過「流浪教師」，但未聽過「流浪醫師」，主要原因在於各大學醫學系的招生人數是受到管控的，醫生的素質因此得以維持。政府應由教育部、勞動部分別掌握全國人才培育、人力需求的狀況，建置「學用整合資料庫」，針對人才的培育及需求狀況進行長期觀察、分析，並成立跨部會「人力資源小組」即時因應，依據人力需求狀況調整人才培育的規模、方向與速度。落實計畫教育，才能從根本解決學用落差的問題。

第七章　技職教育——是就業還是升學？

希望靠教育而翻轉階級是民情，但目的為何？是為了要有更美好的生活。但現在取得大學文憑就一定會有更好的生活嗎？廣設大學已顛覆了社會對大學生的印象，在大學文憑貶值以後，大學生滿街跑，如何找到適合的工作呢？一張文憑遠不如一技在身來得踏實，國家教育則要提供技藝型孩子良好的學習環境與機會。

評述

台灣的技職教育分為三大類：高職、五專、科技大學。技藝型孩子在國中畢業後可選擇讀高職或五專，修業年限分別是三年、五年。科技大學則分為四技或二技，前者為高職畢業生升學進路，後者則為五專畢業生的升學管道。在過去，許多高職或五專的學生在畢業後進入職訓局接受訓練，再到職場就業，一九九〇年高職畢業生升學的比例只有百分之十三，但現在已有超過八成的高職畢業生選擇進入科技大學就讀，就業的不到兩成，導致台灣技職體系弱化，問題出在哪裡呢？

有人說，因為家長都期待孩子升學，技職教育很難辦的好。但台灣的技職教育過去曾經辦得很成功，並促成了台灣從一九六〇年到一九九〇年的經濟奇蹟，難道那時候沒有「升學主義」嗎？一九九四年的四一〇教改不就是要消滅升學主義嗎？現在的技職教育所以辦不好，不當的推動「廣設高中大學」教育政策難辭其咎，但現在已有那麼多的大學，該如何回頭呢？

有一位在讀高職時頻頻獲得技藝競賽獎項的學生被保送到一流科技大學，但讀得非常辛苦，他說：「我還能撐得下來，但有好幾位也是被保送的同學都被退學了。」爲什麼呢？「因爲那些基礎科目都太難讀了。」能在技藝競賽中得獎，當然是動手操作的能力很強，又花了很多時間學習技藝，用在基礎科目如數學、物理、化學等課程的時間就相對較少。但到了科技大學，要修微積分、工程力學等科目，當然就很吃力，甚至學不起來。究竟高職畢業後應該先就業還是先升學呢？這個問題困擾著許多高職學生。

高職、科技大學究竟要如何定位？是一個必須釐清的課題。如果沒有清楚的定位，則必然導致學習的扭曲。我曾和一位高職校長談他所任職學校的屬性，是普通高中還是技術高中？他很無奈的說，他的學校比較像普通高中，因爲超過九成的學生都要升學。爲了配合學生的升學，學校得好好安排基礎科目的教學，實習課則逐步減少或被挪用，有些高職生一個星期只上了兩個小時的實習課，如何能學好技術呢？

有一位高職校長看到一位畢業生連一個扭力板手都不會用，就質疑老師：「你嘛拜託！扭力板手是最基礎的。」老師卻嗆回去：「你不知道我們學生要升學啊！」

一般而言，高職教的是基本技術，而科技大學教的是加深加廣的技能。以電機爲例，高職電機科要學得是電器修護、配電配線等技術，到了科技大學的電機系，則要學電器設計、線路規劃等技能。這樣的分界在過去是很清楚的，但在廣設大學政策的推動下，科技大學老師因爲要升等而注重寫學術論文，使得科技大學愈來愈像學術大學，也就帶動高職往普通高中靠近，整個體系亂了套，技職教育因此而陷入困境。

爲更深入了解各管道培育人才的狀況，我們在前一章所述針對二十家公司的問卷中問到「貴公司高職畢業的員工表現較突出的是哪些方面？（選三項）」得到的回答是：(1)工作適應能力（穩定抗壓性）（十三家）；(2)學習意願（八家）；(3)專業技能（七家）。這三個方向與產業界的人才需求方向一致，可以看出，高職畢業生是受歡迎的。

我們再問「貴公司科技大學／技術學院畢業的員工表現較突出的是哪些方面？」答案則是：(1)專業技能（十三家）；(2)工作適應能力（穩定抗壓性）（八家）；(3)學習意願（八家）。科技大學／技術學院畢業的學生比高職畢業的學生多學了四年，所以，在專業技能上的表現是應該比較好。

但當我們問到「貴公司一般大學畢業的員工表現較突出的是哪些方面？」時，答案就截然不同了：(1)外語能力（十一家）；(2)創新創意能力（十家）；(3)解決問題能力（八家）；(4)表達溝通能力（八家）。一般大學的畢業生在產業界的印象中有較佳的外語能力及創新創意能力，但從產業的用人需求條件來看，可能就有明顯落差了。

台灣的企業仍以中小企業爲主，所需要的人力仍以技術員爲大宗，創新人力的需求沒有那麼多，當然就以技職體系訓練出來的學生爲主要徵才來源，中小企業又比較沒有資源進行新進人員的培訓，因此，強化技職教育，培育出產業所需人力爲當務之急。

二〇一四年三月二十二日，台大政法中心委託的「適性分流學制研究」計畫舉辦了「從適性分流談高職定位」研討會，邀請全國二十二位高職校長及台北科技大學副校長討論技職教育，會議中對於技職教育的弱化均十分擔憂，所列舉的問題或建議可分五大類[1]：

一、定位

1. 高職教育應以「職業準備教育」爲教育目標，但正逐漸偏離。
2. 綜合高中「延遲分化」的觀點太過於理論化，甚至形成高調不切實際。

【1】王立昇、吳武典、周祝瑛、黃光國，《「適性分流學制研究」計畫結案報告》，臺灣大學公共政策與法律研究中心，二〇一四。

3. 高職畢業生在升學機會驟增之下，是否有能力、有意願進入產業扮演基層技術人力的角色？頗令人質疑與憂心。
4. 技術養成一定是在高職階段，到科大是不可能的。
5. 高職是實科還是實群？（就業導向 vs. 升學導向）

二、課程安排

1. 分科太細，升學管道卻又多半可互通，導致學生覺得部分課程對升學與就業均無助益，缺乏學習誘因。
2. 高職課程被「群集課程」的魔咒綁架了二十年，使技職學生逐漸失去務實致用的能力。
3. 單一課程難以兼顧升學與就業需求，升學需有較強的英數及專業理論素養，而就業則需有熟練的操作能力，在有限的教學時數內，恐難兩全。
4. 因爲強調升學，尤其高三課程都以升學爲主，走偏了。
5. 目前實習科目的時數大概占二成多，但未能落實。

三、師資

1. 當下高職及科大技專的教師多數爲學術型，缺乏產業實務經驗。
2. 當師資結構被《師資培育法》解構了之後，師資來源多元，現在甄選進來的老師，技術的實務能力明顯的不夠。有些老師從來沒有接觸過眞正的業界。
3. 要讓高職端的老師可以相對應的學習或有再受訓練的管道。
4. 要引進業師或技術教師。

四、實習與產學合作

1. 實習課要和產業結合。
2. 建教新法有部分條文語焉不詳或陳義過高，已嚴重阻礙業者參與建教合作意願。
3. 業界對高職生並不友善，即使建教合作，也僅將高職生視為低階勞力，沒有計畫性栽培人才。
4. 建教新法推動後，把可行的變不可行的，建教新法務必要徵求各界意見去修改。
5. 建教法要修、要調高門檻，合作的公司要夠大，培養出的員工是要進到公司去，而不是被用作廉價勞工。
6. 建教新法的保證金也造成業界很大的困擾。

五、檢定與證照

1. 高職學生拿到丙級證照是一種肯定，建立對自己的信心。但現在目標都放在乙級，為的是升學加分，專業技術證照用在升學是否合宜？
2. 證照應該要有時間性，可能三年就要更換，要建立制度。
3. 檢定制度要和業界結合，業界參與命題與評鑑。檢定與證照可由民間公會來辦，才不致與產業脫節。

上述問題或建議要如何解決或處理呢？

策略

二〇一五年一月頒布的《技術及職業教育法》將技職教育分為職業試探教育、職業準備教育、職業繼續教育。教育部並於二〇一七年三月訂定了「技術及職業教育政策綱領」，將技職教育定位為「從做中學」及「務實致用」，並針對技職教育目前面臨的問題提出了一些解決方案，但是否有效呢？

一、提升技職學校設備

我曾與一位早期技職體系出身的業界老闆談技職教育，他表示，一九六〇年代，在美援的挹注下，台灣高職的設備比產業界還先進。以車床爲例，當時高職學校所使用的車床是齒輪傳動的，但大多數工廠所使用的車床還是皮帶牽引的。所謂「工欲善其事，必先利其器」，車床或工具機是工業發展的基礎，當高職的設備領先產業界的設備時，所培育出來的學生當然產業界搶著要，後來也因此創造了台灣的經濟奇蹟。現在呢？多數產業界認爲高職的設備及學習內容都落伍了，還要產業界自己來訓練新進員工。

要提振技職教育，首先就要提升技職學校的設備，使其能超越產業界的等級，如果不能超越，至少要能接軌。沒有了美援，我們要自立自強，如果經費不足以全面改善，就要引進業界資源，做好產學合作，讓學生在學校就能接觸與學習到最新的設備。

二、落實證照制度

在德國，水電工執業時，要出示水電的證照。如同醫生要有醫師執照才能執業，各行各業的證照制度如能落實，對於有執照的從業者是一個保障，出路確保後，學生讀技職的意願就會比較高，水準也就能提升。對於消費者而言，服務的品質也會比較好。那要如何落實呢？制定載明執業與證照規範的《職業證照法》有其必要。

證照是爲了生活，而不是爲了升學。各行業的職能基準及證照的考試題目要能符合當時產業技術的需求，使得取得證照有益於找到適當的工作。在工作機會獲得確保後，學生自然就會在技職學校安心學習，並在畢業後參加技術訓練的課程。「學、訓、考、用」的體制如能完備，技職教育才能振興。

三、技職學校定位明確

有一次遇到一位科技大學的教授，我問爲什麼四技二專招生要保留百分之十的名額給參加學測的學生？他說，考學測的數理能力比較強，比較好用。用在哪裡呢？可能就是未來可以幫忙做學術研究及寫論文。如果科技型大學與學術型大學的定位與任務依然分不清，那我們的技職體系就很難蓬勃的發展。學術型大學培育的是研究及寫論文的人才，科技型大學則應該是要培育設計及發明專利的人才。

科技大學應定位爲加深加廣技能的研發，而高職則是基本技術的養成，都必須符合「從做中學、務實致用」的原則。在課程規劃方面，定位爲職業準備教育的高職應以實科爲主，加強其專門科目的學習，並落實實習課程，不能被挪爲升學科目的演練。實習課程要與產業結合，不要學一些已過時的技術，要讓高職生在畢業後即作好就業的準備。

四、推動良性產學合作

二〇一三年起，台中高工與台科大、上銀科技公司進行新模式的產學攜手合作，在校內針對高二升高三的學生辦理招生遴選，被遴選上的學生，同時具台科大入學資格及上銀科技公司員工資格，高二暑假起實施契合式課程，高三下學期，到上銀科技公司上班，以正式員工任用，每月薪資三萬元，工作六個月後，以留職停薪方式薦送到台科大機械工程學系與電機工程學系正規班深造，取得學士學位後復職，第一年以年薪六十萬元起跳任用，第二年起以年薪八十萬元起跳任用，四年後以年薪百萬元起跳任用，並由公司以留職停薪方式薦送至台科大繼續攻讀碩士學位，取得碩士學位後再復職，十年後可得年薪三百萬元以上。以此優渥待遇，希望能培養企業忠貞的幹部，讓一流的學生即早進入性向明確的一流科大、一流企業。

據媒體報導，二〇一五年八月有多達二十七名原本可以進入台中一中或台中女中的學生選擇到台中高工就讀，目標就是產學攜手專班。然而，教育部爲了因應少子化的問題，將科技大學招收產學攜手專班的名額由「外加」改爲「內含」，也有少部分的學生在上銀工作時適應不良，使得這個讓許多技藝專長學生趨之若鶩的產學合作計畫於二〇一七年停辦。我們的教育政策眞的是「以學生爲本位」嗎？

良性的產學合作是技職學校必須要努力推動的項目。學生到產業界實習，不只是學技術，還要學習職場倫理。做好與產業的連結，技職學校訓練出來的學生才更能爲產業所用。但學校也要特別注意實習的狀況，要讓學生眞正能學到技術與態度，而不是成爲工廠的廉價勞工。

五、強化產業師資

位在台北市大安區的開平餐飲學校是許多對餐飲有興趣的學生所嚮往的名校，每年招收四百多位學生，但有一千六百多位申請者，競爭激烈。開平餐飲學校每年四月都辦一場莊嚴隆重的拜師大典，二〇一七年安排有志於廚藝的高一學生循古禮叩首拜亞洲廚神許堂仁及廚神施建發等名廚爲師，並宣誓投身餐飲界。這樣的安排強化了學生學習餐飲的信念，並讓學生有了好的學習典範。

提振技職教育也要從師資入手，高職或科技大學任職的專科教師都必須要有在產業界工作的經驗。眞正在產業界服務過，不但可以學到最新的技術，還可以認識產業文化，當回到學校授課時，才能培養學生職場規範與道德。學校要安排專業科目老師回到產業界學習，在學校教書一段時間（如六年）後，要有半年的產業工作經驗（此做法已於《技術及職業教育法》中明定），如此才不會脫節。除了正式的老師，也可請產業界有豐富經驗的師傅到學校開課，傳授職場上最實用的技術及職場工作倫理。

既然選擇讀高職，就表示比較適合走技藝路線。在高職畢業後，最好能有幾年的工作經驗，方向明確並有需要再到科技大學學習更精深的技能。

政府目前持續推動技職再造計畫，以促進學生就業能力、緊密鏈結產業需求、明確技職教育之定位為目標，方向是抓對了，但成效尚未顯現。二〇一八年起，台北科技大學開始招收五專的學生，是一個正確的發展方向。教育是為了美好生活，而不是為了學位，如果能深化這個觀念，又能強化技職教育的訓練，讓技職畢業生都有好的出路，自然技職教育就能振興起來，並奠定國家發展的堅實基礎。

六、設置初級職業學校

一九六八年九年義務教育實施前，我國的職業學校分為初、高二級，初級職業學校招收小學畢業生，修業三年；高級職業學校則招收初中或初職畢業生，修業三年。後來因推動義務教育而停辦了初級職業學校。

德國的雙軌分流教育制度奠定了德國堅實的工業基礎，並成為二〇〇九年歐債風暴時受援助國被要求實施的教育體制，因為要從教育改革做起，才能改善國家的體質。很多德國孩子在小學四年級（十歲）就分流，技藝傾向明確的孩子從十一歲開始就接受技藝訓練，這個分流制度自一九二〇年起實施已近百年了，仍是德國引以為傲的制度。

現在很多國中設有技藝教育班，提供對技藝有興趣的國中九年級學生到附近高職學習的機會，可以選擇的類科有電機、汽機車、餐飲、美容美髮、資訊運用、飾品製作、商管等，有些孩子因此而找到了學習的樂趣。如果強迫不適合走學術路線的孩子在一般國中的教室內學習數學、理化，那些孩子可能會因爲沒有學習熱情而在教室裡虛擲光陰。更有孩子可能因爲厭惡上學而成爲中輟生，在校外遊蕩時，也許就會進入幫派而好勇鬥狠，甚至染上毒癮，造成一輩子的遺憾及社會的問題（據統計，中輟生染毒的比率相較於在學學生高出五倍以上）。如果能早一點提供學習技藝的環境，也許就可以早一點讓那些孩子步上學習的正軌並習得一技之長。

人早晚都要進入職場，究竟教育在什麼時候分流比較適合呢？這當然是因人而異的，對於性向或興趣已經明確的孩子，確實可以在國中階段就提供分流學習的機會，有些技術能力需要長時間的養成，設置初級職業學校有其需要。但每一個人的學習進程不同，對於還沒有找到性向或興趣的孩子，就沒有必要那麼早分流，我們要持續提供各種探索的機會，早一點找到方向，就可以早一點分流。政府要做的，就是要提供各種學習的機會與平台。

爲美好生活的準備

第八章 適性教育——是適性還是隨性？

過去數十年紛擾的教育改革措施引發大家對教育政策的熱切討論，有人說要破除明星學校的迷思，有人說要打倒升學主義，但大部分家長最關心的，還是孩子是否能有一個理想的學習環境，未來是否能有美好的生活。而怎樣的學習環境是適合的呢？

戰國時代，齊王敦請一位隱士於陵子出任大夫，但於陵子拒絕了，他說：「君不聞草之昌羊乎？夫昌羊麗神确礫，沐生水泉，翩翩自適於幽岩之下。向使置之以墳壤，糞之以穢涪，晞之以日光，則旦暮槁矣。」昌羊即菖蒲，常年生長在水邊，喜陰，如果種植在清澈的泉水邊，幽暗的山岩下，將生機勃勃，風采動人；但如果栽植在土堆裡，澆上糞水，曝曬陽光，則很快就枯萎了。每一種植物都有特別的天性，依其性而栽培，必然長得好，逆其性則必枯。每一個孩子也都有特別的天性，要如何引導栽培呢？

《中庸》裡有一句話：「天命之謂性，率性之謂道，修道之謂教。」簡單的說，「教」的意義為「修習依循天命之道」，也強調教育要適性而為。

程度、能力相近的學生一起學習，施教效果最明顯。十二年國教的一個重要目標就是要適性揚才，才能成就每一個孩子。如果各校入學學生的性向或能力差異過大，現行的教學方式可能造成部分學生成為教室裡的客人，學習效果不佳，而影響個人甚至國家的競爭力。要解決這個問題、要處理入學方式的紛擾與爭議，落實適性教育（adaptive education）實為不二法門。

二〇一一年七月，我曾受邀出席一個由當時教育部次長陳益興主持的十二年國教諮詢會議，我在會議中大力主張應將適性教育納為十二年國教的核心價值，獲得了教育部的認同，並在後來《高級中等教育法》的修正中納入適性教育的條款：「高級中等學校應就學生能力、性向及興趣，輔導其適性發展。」

但上述條款中僅列入先天的性向及較屬於後天的興趣，尚不夠完整，學生的個性與特質及在地的環境與文化亦應納入，使得適性教育成為符應天、地、人的全方位教育。

總體而言，適性教育的意義[1]為提供學生適合其性向、興趣、能力、個性、文化等不同特質的課程與學習環境，以發展其語文、邏輯數學、空間（藝術）、肢體運作（體育）、音樂、人際、內省（文學或哲學）、自然探索等八大類智能中的優勢智能。經過哈佛大學心理學教授加德納的研究，各智能皆有其生理及心理的依據。有的人邏輯數學智能高，但人際智能卻可能很弱。而適性教育的目標就是要建構以學生為主體的學習環境，使得具不同智能和需求的學生均有機會獲得成功的學習經驗，也就是成就感。

要讓不同的智能都有發揮的空間，就要提供多元的學習環境。對於語文智能強的孩子，要加強語文的訓練；對於自然探索智能強的孩子，要多一點物理、化學、生物的課程。對於學習進程快慢不同的孩子，也要提供不同階段的課程。這樣的方式，才是教育「多元化」的眞義。但過去有一些教育措施卻以為「多元」是「將不同的學生放在同一個學習環境中」，使得不同特質的學生接受了同樣的教育方式，那要如何「適性」呢？

適性教育若僅止於口號式的宣言是無濟於事的。十二年國教的入學方式在第一年（二〇一四年）實施時，因為未能周延地考慮適性、慣性（民情）與人性，也沒有作好演練與狀況模擬，造成了

[1] 中華適性教育發展協會，《適性探索啟發孩子的潛能》，商周出版社，二〇一四。

許多家長及學生的焦慮與不安，更嚴重地影響了學生的權益。

與其消極地宣導不要迷信明星高中，不如積極地在各高中實施適性教育，提供差異性教學的學習環境。如此則不但升學制度的紛爭可迎刃而解，而且每一個孩子都能得到最適合的學習機會，使得有兩千多年悠久歷史的「有教無類」及「因材施教」兩大理想教育目標能同時達成。

在工程系統控制的理論中，有一套適應控制（adaptive control）的策略，講的是在控制一個系統（如衛星、飛機、機器人、冷氣機等）時，控制器要依當時環境狀態的改變而調整，以適應各種狀況，達到設計的目的，成爲一個閉迴路系統。

以冷氣機爲例，第一代的冷氣機系統是開迴路的，壓縮機一旦啓動，必須要有人去關掉才會停。記得小時候晚上睡覺時，就曾因誰要起來去關冷氣而排班。現在的空調系統則隨著溫度的變化來操控壓縮機，溫度低了自動關，溫度高了啓動。壓縮機、溫度計與控制器就構成了一個閉迴路系統，如圖三所示。

人的特質是動態的，興趣和能力可能因時因地而改變，適性教育也就要依照受教者學習的狀況而調整，構成一個閉迴路系統，《適性探索啓發孩子的潛能》一書提出了推動適性教育的六大面相：適性探索、適性課程、適性教學、適性學習、適性分流、適性生涯，各面相的關聯性呈現於圖四，並簡述於後。

適性探索

適性教育的第一步就是要做好適性探索，協助孩子找到適合自己的學習方向。德國的小學只讀四年，在小學一、二年級時就安排學生去博物館、旅行，提供孩子探索的機會，小學三、四年級就開始評估。台灣目前適性輔導的課程則要到國中才開始，對於學習方向早已可確定的孩子，有點晚了，應該提早啓動。

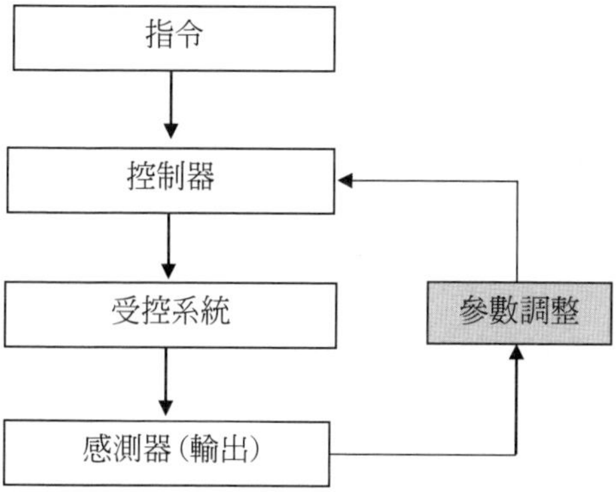

圖三 控制的閉迴路系統

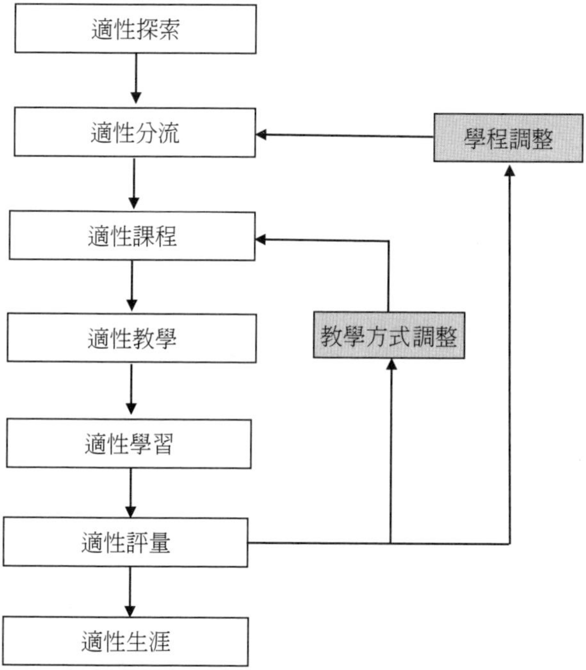

圖四 適性教育的閉迴路系統

那要如何探索呢？可以分兩個面向進行，一個是興趣與使命，另一個是能力與特質，兩方綜合評估後，或許就可以找到適性的選擇。

在興趣與使命方面，孩子可以從整理個人的高峰經驗（做完覺得很值得的事）著手，探索個人正向的核心價值，並帶向對未來的期待。可以引導孩子問自己一個問題：「這一生，我想要過怎樣的生活？」從答案中看見自己嚮往的夢想。再從夢想的未來畫面中，探詢內在渴望，找到有強烈動機並願意投入、充滿活力、樂此不疲的領域，那就是熱情之所在。接下來，在熱情的驅動下，考量家庭的期待與需要，擬定行動方案，如此也許就可以找到符合自己興趣與使命感的學習方向。

在能力與特質方面，學生可參採多元智能理論，分析自我的優勢智能，並從生活經驗中探詢自我特質，再依各可能職涯的智能與特質需求，找到可能的適合學習方向。爲達到美好生活的教育目標，要讓學生對各種職涯的狀況有一定的了解。人格特質也是一個重要的考慮因素，不喜歡與人對話的數理方面高材生可能未必適合讀醫，因爲在未來當醫生問診時，可能會有醫病關係的困擾。

如果前述兩個途徑所找到的學習方向有交集，可能就是適性的方向，可以勇往直前去努力。如果沒有交集，怎麼辦呢？

有人說，我們要鼓勵孩子發展興趣，只要有興趣與熱情，能力就可訓練出來。有人說，能力比較重要，有了成就感，興趣就可培養起來，兩個說法都有些道理。

《呂氏春秋》中有一則「好獵者」的故事：「齊人有好獵者，曠日持久而不得獸。入則愧其家室，出則愧對其知友州里，其所以不得之故，則狗劣也。欲得良狗，人曰：『君宜致力於耕作。』獵者曰：『何爲？』人不對。獵者自思，得無欲吾致力於耕作有獲而後市良犬乎？於是退而急耕，疾耕則家富，家富則市得良狗，於是獵獸之獲，常過人矣。」

這個故事說，有一位很喜歡打獵的人，花了很多的時間去打獵，但總是一無所獲，愧對家人及親友。檢討後發現原因是獵狗不好，但想要取得好獵狗卻沒有錢。有人就勸他先去耕作，好獵者想通了，於是回家努力耕作而致富，因此買到了好的獵狗。之後再去打獵，收穫就經常超過別人的了。

好獵者如果堅持繼續打獵而不去耕作，可能根本買不到好狗而抑鬱以終。興趣的發展有時需要環境的配合，曠日持久的努力未必有效，如果發現追求興趣的過程中常常徒勞無功，就不要太堅持。如能找到問題，因時因地調整，有時轉個彎，也許就可以兼顧生活與興趣了。

究竟興趣與能力孰輕孰重？這個問題的答案也要適性，要考慮個人的特質、所處的環境及所面臨的問題，並依操作的狀況而適時調整。如果個性堅毅，可考慮以興趣為重，如果個性比較隨和，可能就要以能力為重。

不只學校要協助學生探索，家長的觀察也是非常重要的。事實上，有些孩子的性向在幼兒時期可能看得更清楚。喜歡玩積木、LEGO的孩子可能有很好的空間智能，喜歡昆蟲、植物的孩子可能自然觀察的智能很強，喜歡講話的孩子有語文的智能。父母在孩子小的時候，可以準備一本孩子的成長手冊，記錄孩子喜歡做的事、玩的遊戲，慢慢累積後，即可據以分析孩子的興趣、性向與能力，對於孩子未來方向的選擇將很有助益。

探索到自己的興趣、性向與能力後，要如何選擇未來的學習方向呢？二〇〇六年，我在擔任北一女中家長會長期間，曾與學校共同邀請了台大十個學院的五十多位教授，到北一女談各院特色及院系選擇。經過補充，「多元智能及人格特質與大學學院關聯參考表」彙整如表八，可作為選擇大學院系的參考。

適性課程

我在研究所教衛星動力學時，有一個基本的推導，要從牛頓運動定律及萬有引力定律推導出克普勒三大定律，其中第一定律是說行星繞太陽的運動軌跡是橢圓軌道。但當我從運動方程式導得橢圓的極座標表示式時，問學生看過嗎？學生卻都說沒有，原來在高中教的二次曲線極座標表示式已經被

表八 多元智能及人格特質與大學學院關聯參考表

智能／學院	語文	邏輯數學	音樂	空間	肢體動覺	內省	人際	自然觀察	人格特質
文學院	★	●				★	●	●	易感、善觀察、敏銳
理學院	●	★		●	●			★	喜歡抽象思考、實驗
社會科學院	★	●		●		★	★		喜歡看報紙政論版及社會版
醫學院	●	★		●		●	★	★	喜歡與人對話、不怕髒、不怕血
工程學院	●	★	●	●	★			★	喜歡機器、動手操作
農學院	●	●		★	●			★	喜歡土地與大自然、喜歡動植物
管理學院	★	★		●		●	★		喜歡數字、具說服力
公衛學院	●	★		●		★		★	具正義感、有人道精神
法律學院	★	★			●	●	★		冷靜、不執著、擅長論辯
生命科學院	●	★		●	●			★	喜歡探討生命起源、有實驗精神
教育學院	★	●			●	★	★	●	教育熱忱、與人相處、同理心、善表達溝通、領導
藝術學院			★	★	★	●		●	具節奏感、美感

說明：本表依據各學院特性分別列出適合就讀該學院學生的2-3個優勢智能及2-3個次優勢智能，「★」代表優勢智能；「●」為次優勢智能；本表係就個人所具有之各種智能作比較，並非學院間的比較。

刪除了，而到了大學，老師認為學生都已學過，就不會再教。於是，到了研究所看到這個標準式就一臉茫然，那要如何學好衛星動力學呢？我只好給學生出一個二次曲線極座標表示式的作業，要求他們從頭學起。

並不是每一個學生都要學二次曲線極座標表示式，但對於理工性向的學生而言，高中如果沒有學會，就錯過了機會。如果因為太難而不教，而在高中只是重複練習簡單的觀念，但深度不夠，那不是在虛擲有些高中生的寶貴青春嗎？我們的課程必須要適性、多元，要能選修，不能要全部的學生都學同一套課程內容。理工性向學生的數學可以學難一點，語文夠用就好。對於文法性向的學生，數學簡單一點就可以，語文則要深入。不同程度的學生可以學到不同程度的課程內容，這樣的適性課程能夠實現，才能夠落實適性教育，也才能夠讓學生適性揚才。

芬蘭在一九八二年開始推動「高中無年級化」制度，將原本三年的學制改成二到四年，學生在學校不分年級修課，每個學生都可獨立選擇並安排自己想學習的課程，有專屬適合自己的課表，在修得足夠的課程學分數後即可畢業。這個制度經過小規模實驗，到一九九九年立法後全國實施，成功地改造了芬蘭高中的學習環境。

早期台灣的教育比較重視知識的傳授，九五課綱以來強調解決問題的能力，現正規劃中的十二年國教課綱則以「成就每一個孩子─適性揚才、終身學習」為願景，教育目標為培育學生具有與生活結合的知識、能力、態度等素養，可以說更為完備。

十二年國教課綱朝減少必選必修科目、增加選修空間的方向規劃。為了讓學生更為了解必選修科目與其未來發展的關聯性，課程修習的地圖要建構好，並要有階梯式的學習進路。現行高中分第一、二、三類組的套餐式作法應作調整，改以選修取代分組，修課不應以班為單位，而應依個人需要作安排，如能達到「一生一課表」的目標，將套餐改為自助餐，適性課程才能落實。

不但是課綱，教科書更要好好編。記得幾年前我女兒在準備基測時，我發現她的數學課本都是白白的，我問怎麼回事？她說老師都按講義上課，沒有用到課本，我立即請她開始好好讀課本，因爲那是建構系統思維、增進素養的重要工具。課綱只是方向，教科書依據課綱編寫，與孩子的學習更爲密切，並可彌補老師教學不完整之處。對於教學資源不足的偏鄉，有好的一套教科書可能就是上進孩子賴以翻身的條件。有了好的課綱，還要有好的教科書，才能讓孩子好好學習。

適性教學

教學要依據學生的狀況調整，就是適性教學的意義。可調整的項目包括：教材（基本、一般、進階）、進度（放慢、正常、加快）、規模（班級、小組、個別教學）、時間（正常上課時間、課後補充教學、課後精進教學）、模式（個別、競爭、合作學習）、師資（依師生互動狀況調整）等。

四一〇教改推行「小班小校」，希望每一個孩子的學習都能得到好的照顧，是正確的方向。但因資源有限，只能逐步推動。一九八〇年代，國中每班有五十多人，到了二〇一〇年，國中很多班的學生數不到三十人。雖然是小班，但每班的人數也不能太少。有一位在偏鄉小校教一個班兩位學生的老師告訴我，兩個孩子（小學四年級）的班很難教，少了團體動力的互相觀摩、良性互動，教學效果會打折扣。國民義務教育的目標是要培養德智體群美五育均衡發展的公民，如果班級人數過少，要如何培養群育呢？

孔子在二千多年前就說要「因材施教」，但現在要如何落實？一九八〇年代起，政府強力推動「常態編班」，立法院並於二〇〇四年正式通過《國民教育法》的修正，要求國民中小學實施常態編班，也就是強制將不同程度的孩子編在同一班，那要怎麼教？如果教難一點，沒有準備好的學生聽不懂，教簡單一點，則程度好的學生覺得在浪費時間。

依據二〇一七年《親子天下》的調查，超過四成的國中生沒有學習動機，沒有成就感，成爲教室裡的客人，問題出在哪裡？常態編班有助於生活和人際的學習，但可能不利於特定科目的學習，因此，《國民教育法》提供了分組學習的機制，但雖然有多所國中過去曾試辦學科能力分組教學，卻因排課的問題、學生成績評量的公平性、學生被標籤化、常規管理不易、教室資源及教學設備的不足等原因而停辦。

「常態編班」可以做到有教無類、教育資源均等，「分組學習」則可以達成因材施教的目標，兩者如同有效學習的兩個輪子，缺一不可。現在「分組學習」沒有落實，就如同少了一個輪子，當然就會有一群教室裡的客人了。

除了「常態編班、分組學習」的方式外，「常態編班、學科跑班」是更靈活的學習型態，學生可以依照自己的興趣及能力選課，跑班時打破班級的界線，將可提供更為適性的學習環境。如能再輔以配合學生學習進度的滴灌式教學法，學習效果將更為顯著。

適性教學的實踐有賴第一線老師的執行，芬蘭教改的成功奠基於第一步的師資改革。因此，各級學校教師對於各種適性教學方法的認知與能力，特別是差異性教學法，應更為精進，使其能針對不同特質的學生提供適當的施教方式。各校並應建置學習及性向輔導老師，使得學生在學習過程中能得到適當的引導。

適性學習

有一位朋友問我，他的孩子在讀書時要戴耳機聽音樂，書怎麼讀得好呢？我的回應是，每一個孩子的強勢智能不同，就有不同的學習模式。對於音樂（聽覺）智能較強的孩子，邊聽音樂邊看書也許可以加強印象。有的孩子讀書的時候喜歡畫圖，利用圖形學習，對於空間（視覺）智能較強的孩子，圖形的學習更為有效。

適性學習的要旨就是要因應不同的智能及學習狀況而採取不同的學習方式，也構成了一個閉迴路系統，其流程如圖五所示。

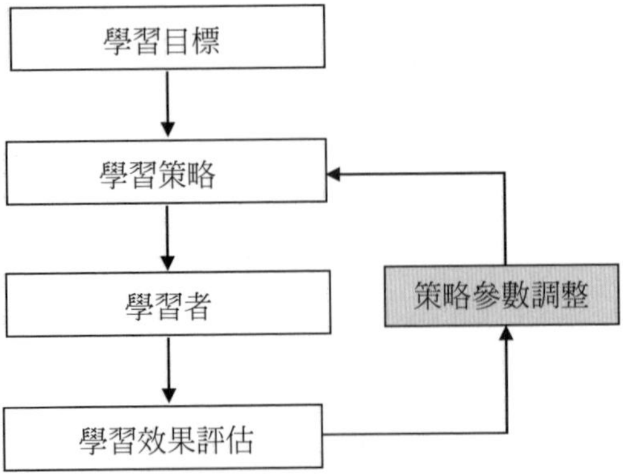

圖五　適性學習的閉迴路系統

對於不同強勢智能的孩子，採取適合的學習模式會有事半功倍的效果，表九列出不同強勢智能的適性學習方法，可參考試用。

但在使用表九時，要記得那只是參考，學習效果的評估最爲重要，只有依據學習效果調整，才能抓到適性學習的要旨。

適性分流

德國從一九二〇年代就開始實施分流教育，學習方向明確的孩子在小學四年級畢業後即開始分流，有的學技藝，有的走學術。這樣的分流教育實施了近一百年，仍是德國引以爲傲的制度，並於二〇一二年將「推行二元分流教育制度」列爲解決歐債風暴問題的六大方案之一，與成立經濟特區、國營企業信託代管、鬆綁勞動法、降低薪資成本、降低稅率及社會安全提撥等措施並列。

但小四會不會太早呢？德國施行了那麼久，當然有其效度，事實上，有的孩子在十歲時即已可看出其性向，但也有孩子沒那麼明顯，如果還沒有確定，就繼續探索，所以德國現在也有綜合中學的存在。在另一方面，有的孩子在分流後才發現性向或興趣不符，所以，要有順暢的換軌機制。

在台灣，因爲適性探索沒有及早進行，分流在國中畢

表九 不同智能的適性學習方法[2]

智能	適性學習方法
音樂（聽覺）	上課時用心聽講。背書時大聲朗誦，可達事半功倍之效。書房保持安靜，若周圍環境吵雜時，可用一些無主題的輕音樂隔離噪音。善用教學錄音，或把畫面資料透過錄音的播放讓耳朵便於吸收。在睡前聽教學錄音以助學習。
空間（視覺）	上課時特別注意老師的板書。善用圖形學習。可利用各種不同色筆或標記畫重點。書桌保持整潔，只留必要用具，以免分心。將聽到的重點轉化成文字或圖表。勤動手整理筆記。善用教學錄影等視聽媒體。
肢體動覺	利用各種感官如嗅覺、味覺、觸覺去認識新事物。保持讀書環境空氣流通、光線充足。可經由比手畫腳方式增強記憶。以書寫的方式，記載所聽到的訊息。動手做實驗或實地體驗，提高學習效果。
人際	上課時勇於發問。多與老師或同學討論，運用團隊動力的方式學習。良性的競爭有助於學習效果的提升。
內省	對於課程內容進行深度思考，定期檢討學習進度與效果。利用默想、默寫方式增強記憶。

[2] http://www.tajh.tyc.edu.tw/libdiscuzz/forumdisplay.php?fid=418

業後才開始。但在一九六八年以前，曾設置初等職業學校，提供早一點確定學習方向爲技藝型學生的學習環境。未來如果適性探索能提早到小學階段進行，或可恢復初等職業學校的辦理。此外，也可在國中階段設立特殊學校，例如：雲林蔦松國中就是一所專業培養藝術、音樂、舞蹈等特殊專長的學校。有一位舞蹈老師告訴我，在國中階段身體還軟，比較好訓練，再長大一點可能就過了黃金訓練期。對於早一點找到發展方向的孩子，我們要及早提供他們適當的學習環境。

大學以研究學術爲宗旨，廣設大學政策的推動等同於鼓勵學子走學術路線，打亂了原有的分流體制。廣設大學的初衷是要減輕升學壓力，但大家想讀的大學名額還是有限，教育翻身的思維使得學生的壓力並沒有減輕，卻開了一個門，讓可能不適合走學術路線的學生進入學術體系，如何適性發展呢？

當資源有限時，競爭自然激烈。當有更多的學子想要擠進名校，升學的壓力就愈來愈大，有人將這個壓力歸因於入學考試，於是爲了減輕壓力而要減少考科，大學招聯會於二〇一七年十月決議，大學校系申請入學採計的學測科目可以從四科到零科，並強調學習歷程檔案的採計。但事實上，壓力的來源不是考試，而是升學。與其說「考試領導教學」，不如說是「升學領導教學」。

學測採計科目降到四科尚可說是適性，理工背景的學生不需要考社會，文法背景的學生不需要考自然，但如果降到三科或甚至更少，就可能會引發學習效果或升學制度的問題。從表八可以看出，語文及邏輯數學的智能是幾乎每一個學院的學生都要具備的，因此，國文、英文、數學是必要的考科。此外，由於採計科目少，那要如何比較呢？包括高中在校成績的學習歷程檔案就更爲關鍵，使得升學不看公平的統一考試成績，而以各高中的在校成績取代，但各校、各老師的評分標準不同，如何做到公平呢？可以想見，大學入學新制在二〇二二年實施後，孩子的不當壓力將更大，入學制度將更不公平。

有些孩子自己有自己學習的進程，未必配合學校的進度，那樣累積的學習成效或許可以讓他們在統一考試時大放異彩，但卻無法在學習歷程中展現。

大家都聽過大禹治水的故事，要解決黃河的氾濫釀災，採取加高堤防的策略難以成功，大禹因此採用疏導分流的方式，疏通了九條河，因而澈底解決了水患的問題。學生過大的壓力就是因爲沒有及早分流，如果能早一點做好適性分流，不同的學生有不同的學習管道，就自然可以降低不當的升學壓力，並讓孩子樂於學習了。

國家教育要提供一個眞適性、眞多元的學習環境，各種不同智能的孩子都能得到最適合的學習機會；教育要能彰顯公理正義的精神，要能讓弱勢家庭的孩子有翻身的機會。因此，多元適性的學習環境及分流的升學管道是我們要努力的方向。

適性生涯

我曾在二〇一四年參訪位於中壢的東元電機公司，進園區後赫然看到辦公室旁豎立了一個「適才適所」的標語牌。所謂「天生我材必有用」，將對的人用到對的地方就是適才適所。受教育是爲了要有美好的生活，適才適所的適性生涯就是適性教育的終極目標，要讓學子在完成學校教育後，進入社會能從事自己適合的工作。蘋果創辦人賈伯斯（Steven Paul Jobs, 1955-2011）曾說：「成就一番偉業的唯一途徑就是熱愛自己的事業。」雖然不是每一個人都能成就偉業，但能做自己熱愛且擅長的事，就能無怨無悔地投入，並樂在其中。

要找到自己熱愛的事業，先決條件就是要了解各類職涯的狀況，再搭配自己的興趣、性向、能力而做選擇。因此，學校要提供學生各種職涯認識的機會，舉辦博覽會、說明會、職涯分享等活動，或安排產業參訪的行程，並提供學生到產業實習的機會，了解現場工作的情形。但要避免這些活動或安排流於形式或宣傳性質而耽誤了學生的時間，或甚而誤導了學生的認知。

由於職場工作機會有限，必然就會有競爭。因此，找到方向只是第一步，還要加強專業能力的訓練及職場工作倫理的認知，才能順利找到適合的工作。有了適合的工作，並繼續終身學習，才能與時俱進，人生才會更美好。

二〇一七年十一月，媒體報導行政院擬扶植一百家小型研發型服務公司，推動「千人博士創業」計畫，以解決可能發生的流浪博士問題。但博士擅長的是學術研究，創業成功則需要天時、地利、人和，要有創見、資本及冒險、堅毅、勇於挑戰的精神，是不是每一個博士都有這種創業精神與成功的條件呢？況且創業成功機率很低，假設成功率百分之十（也就是「九死一生」，已是非常樂觀的估計），那千人創業博士中，恐有九百個博士將創業失敗，那些博士人生中最黃金的時刻，卻因政府天馬行空的政策而虛擲，將造成更大的個人及社會問題，政府要如何負責和安置呢？

推動千人「博士」創業的規劃恐不符合適性生涯的原則。每一個人的特質不同，要適性而為，才能讓每一個人都有適性的生涯。提供博士可以好好做研發工作的環境，才是協助其施展長才的正道。

第九章　教育決策機制——是系統還是民粹？

好的構想要有系統性的推動策略，才能落實。教育部在二〇一六年貿然提出了「第三學期」的方案，將現行的兩學期改成三學期，立即引發孩子、家長及老師的不安，在多方圍剿之後急轉彎，改名為「夏日樂學計畫」。這個構想牽連到整個學制的改變，對於孩子的學習影響深遠，教學內容、師資、經費都要審慎研究與評估，茲事體大，怎能倉促推動？當時的教育部長吳思華經常強調要將創意帶進教育部，但「創意非隨意」，沒有準備好的教育政策怎能倉促端出來呢？

教改推動多年以來，教育政策也是在類似的程序下荒腔走板地推出與執行，李遠哲曾說：「教育部長換太快」是失敗的原因之一，每一位部長各彈各的調。蔣偉寧在二〇一四年承諾要將「本土語文列為國中必修課程」，接任的吳思華卻不一定買單。但為何教育政策如此因人而異呢？顯然是制度出了問題，教育政策制定程序必須有更完備的規範。

教育系統最主要的參與者是學生、家長、教師與教育行政人員，如果不了解系統狀況，如何能做出正確的決策呢？當初就是因為系統研析工作沒有做好，導致現在必須處理大學退場及學用落差的問題。沒有經過專業及價值等系統性檢驗的民意，常可能成為盲目而誤導的民粹。

馬英九在二〇一二年的一場十二年國教說明會上，以「諾曼地登陸」為例，強調當時不做，將會讓各界「軍心渙散」，並稱百年大計不容蹉跎，堅持繼續推動。以這樣的心態來推動十二年國教，必然是傷痕累累、哀鴻遍野的。教育當局不以解決已有的教育問題為優先，卻在未進行「小規模試驗」的情況下，執意推動十二年國教政策，由於規劃及操作的不當，造成了學生及家長極度的不安與焦慮。升學制度成爲賭局，並使得弱勢家庭的孩子更難有翻身的機會。百年大計倉促上路，不但造成了台灣教育的動盪不安，並引發了國家安全及社會失序的重大問題。

創意不一定都是好的，未經審慎評估的創意一旦推行會造成更大的問題。產品因創意不佳賣不出去還可重新設計，但孩子的學習不能重來，教育政策更必須要按部就班，循序漸進。二〇一五年六月，新北市長朱立倫批評十二年國教是「走錯方向、走亂腳步」，就點出了程序的不當。

雖然我國教育政策有那麼多的問題，但教育部依然自我感覺良好，認爲教育政策執行績效佳，如此昧於事實、掩耳盜鈴的心態如何能使我國的教育向上提升？難道眞的是「裝睡的人叫不醒」嗎？國家教育研究院雖已成立多年，但經常是在爲教育部政策背書，未能成爲一超然獨立之教育政策研究機構，功能未彰顯。

教育決策程序影響國家教育方向至鉅，從教改的過程與結果觀之，教育政策的制定程序顯有未盡完善之處。爲探究十二年國教決策程序及其可能衍生的問題，並研議可採行之決策機制與程序，台大政法中心於二〇一二年十月舉辦了「十二年國教與教育決策程序論壇」。經過約三百位與會人士的熱烈討論，達成以下幾點結論[1]：

一、確實推動適性教育。

二、教育政策的制定要有系統化及全面性的思考，避免隨興式或民粹式的決定。

三、教育政策制定要排除政黨、利益的考量，應成立公正超然的中央級教育審議委員會。

四、重大教育政策應經立法院立法，執行結果應由監察院監督，並形成一具回饋機制之閉迴路

【1】王立昇、黃光國、吳武典、孫志麟，《教育政策制定程序建議書》，臺灣大學公共政策與法律研究中心，二〇一二年。

校正系統。

五、教育政策的制定要多元，要考慮各方面的意見，特別是政策利害相關人（如學生、家長、老師、校長等）的想法。可採審議式民主（Deliberative Democracy）方式掌握民意，眞正做到民主深化。

六、教育政策的擬定與推動應穩健進行，並應遵守信賴保護原則。

十二年國教的政策雖然立意良善，但制定過程及執行上顯有多處不符前述之六點結論。我國教育政策制定程序應爲何呢？美國、英國、日本、澳大利亞等國教育決策過程各有值得參考之處（彙整於附錄一），依據前述結論及我國民情，我國制定教育政策時，所應採取的標準程序規劃如下：

教育政策制定標準程序

一、**教育問題檢討與研析**：針對影響國計民生或學子成長的重大議題進行深入檢討與系統研析。此階段工作應責成國家教育研究院辦理，必要時得委託學術或教育團體、文教基金會協助。

二、**廣納各方意見、規劃最佳方案**：社會的多元意見要有充分表達的機會，特別是政策利害相關人（如學生、家長、老師、校長等）的想法，並要做到民主深化，要能眞正聽到廣大人民的聲音。徵詢意見時，資訊要透明公開，不可預設立場。

三、**小規模試驗**：可先選定部分區域進行小規模試驗，檢視規劃方案之可行性。

四、**評估並修正方案**：依據試驗狀況，評估方案得失，以科學精神修正規劃方案。

五、**教育審議委員會審議**：成立公正、超然、常設、以全民利益爲考量的中央層級教育審議委員會，審議重大教育政策，尋求最大的共識或作成最適切的建議。

六、**研擬立法草案**：依據確實可行之方案擬訂教育法案。

七、**行政院審議立法草案**：教育政策牽涉的範圍甚廣，教育部所訂法規草案需經行政院院會審議，依據各部會綜合評估意見進行修正。

八、**立法院審議**：法規草案送立法院審議，再一次整合各方意見後定案。

九、**依據信賴保護原則，逐步推動實施**：立法院通過之教育法案經總統公告後施行，但必須逐步推動，並遵守信賴保護原則。

十、**監察院追蹤執行成效**：教育政策執行成效應由監察院追蹤檢討，並將檢討報告送立法院及教育部參考，作為修正法案的依據。

此程序從教育問題檢討與研析著手，到監察院追蹤執行成效，構成一具回饋與校正機制之閉迴路動態系統。這個完備之程序必須輔以權責相符之執行機構方得以竟其功。依據一九九六年《教育改革總諮議報告書》之建議，「國家教育研究院由專業人員組成，對各項教改計畫先作深入研究，並作客觀的評估。」為落實該建議，上述十個步驟中的第一至四項應由國家教育研究院主政；第五項則由教育部或行政院主政，視教育審議委員會所在層級而定；第六、九項由教育部主政；第七項由行政院主政；第八項為立法院之權責；第十項由監察院辦理。

上述決策流程及主政單位如圖六所示。

此程序若能得以嚴格執行，相信重大教育政策必能順利研議及推動，真正達到終結教改亂象、提升教育品質、成就每一個孩子，以及提高國家競爭力的總體目標，使得人民過美好生活的願景得以實現。

期待教育當局能依循上述標準程序進行決策，以解決教育部長替換太快而影響教育政策穩定推動的問題。為確保教育政策執行能依此程序，立法院有必要制定《教育政策制定程序條例》。國家教育研究院也應發揮獨立運作的功能，確實做好教育問題的檢討與系統性的研析，並據以規劃符合全民利益的解決方案。

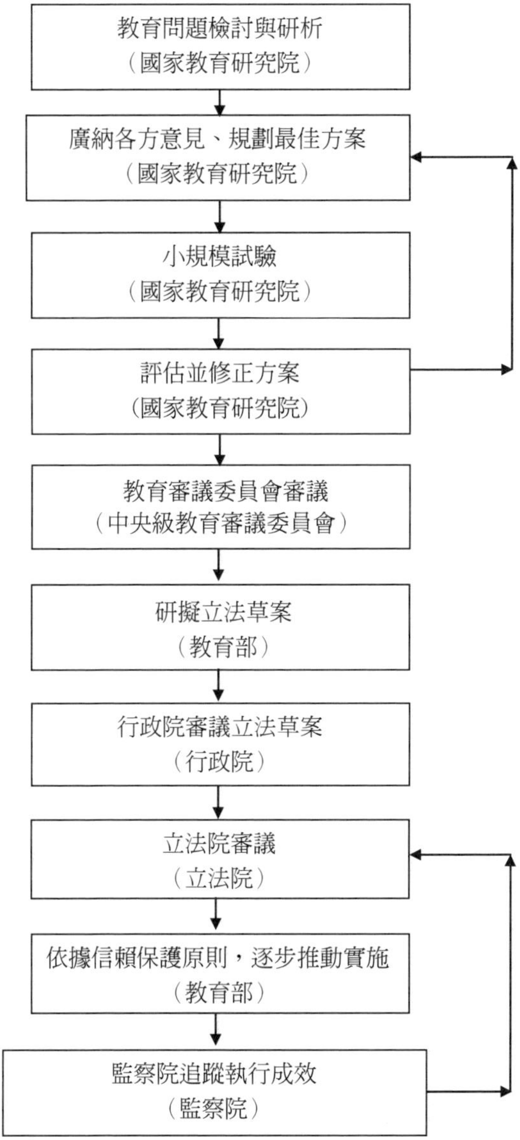

圖六　教育政策制定標準程序流程及主政單位

在美國，民間學術團體或基金會在教育決策的過程中扮演了重要的角色，台灣也需要獨立自主、不受政黨左右的民間教育研究團體，進行國家教育的全方位檢討、規劃及監督。

第十章 總結

教育是國家未來發展的櫥窗，現在的教育如果辦不好，未來的國家發展堪憂。

人民接受教育是爲了要過美好的生活，國家辦教育則是爲了要讓國民能有美好生活而國泰民安。如果國民生活不好了，第一個要檢討的就是教育。國家教育辦得如何，可以參考兩個指標，一是補習班的熱度，另一個則是家長的參與度。如果學校教育辦得好，學生何須去校外補習？如果教育辦的讓家長安心，家長就可以在各自的崗位上努力拚經濟，無需參與太多學校事務。現在補習班愈來愈多，家長的參與也愈來愈積極，就表示國家教育出了大的問題。

問題在哪裡呢？本書從誠信、素養與競爭力、適性、公義及民情的角度分析了過去教改措施的問題所在，並提出了因應的策略。國家教育爲「百年樹人」的大業，其決策必須系統思考、全方位審酌，規劃需有前瞻性，推動必須循序漸進，既不可因循苟且，亦不宜躁進盲動。教育改革要從調整課綱、教材、教學方法、培育良好師資著手，入學制度的規劃則要符應民情，以學生的適性學習爲主要考量因素。如果教育政策能讓學生安心求學，家長放心拚經濟，社會才能安定，國家競爭力才能提升，人民的生活就可以更美好。一旦進入此良性循環，國家教育就大功告成了。

附錄

附錄一　各國教育決策程序簡介

「他山之石，可以攻錯」，本附錄簡介美國、英國、日本、澳大利亞等國的教育決策程序及教育改革過程，作爲規劃我國教育決策程序的參考[1]。

一、美國

美國是一個多文化、多種族的移民國家，民主制度發展成熟。美國教育決策權主要保留給各州，而聯邦政府對教育的介入主要是透過聯邦立法的形式來實現，一般經過下列步驟：

1. 政府部門與民間學術團體或基金會共同研擬法案。
2. 眾議院審議。
3. 參議院審議。
4. 參眾兩院協商委員會審議。
5. 參眾兩院批准協議。
6. 總統簽署。

[1] 王立昇、黃光國、吳武典、孫志麟，《教育政策制定程序建議書》，臺灣大學公共政策與法律研究中心，二〇一二年。

7. 授權撥款。

在美國教育政策的制定過程中，民間學術團體和機構扮演了重要的角色，幾乎每一項教育政策和法律都是由各種學術團體或基金會研擬及起草。民間團體可匯集教育政策議題，經過研究、擬定草案後，直接提交給政府部門，然後再交由國會審議和表決。政府部門亦可將教育問題委託學術團體或基金會做調查研究，並據以擬定法案。

美國教育政策制定程序之特點包括：

1. 聯邦教育政策制定不僅有嚴格的程序，而且已經形成了完善的立法制度。
2. 政策制定主體（國會、行政與司法部門）間的權力分立與制衡有利於確保聯邦教育法的穩定性和連續性。
3. 政策制定過程有廣泛的民眾參與。
4. 政策制定受到多方利益團體的外在壓力。
5. 政策制定前注重調查研究和專家意見，使美國的教育政策更具可行性和科學性，真正發揮保障教育改革的作用。
6. 決策諮詢機制具包容性、互動性，並已制度化。

經過這樣的程序，美國聯邦教育法案具有宏觀性、非強制性、經濟性、時效性、可調整性等特色。

二、英國

英國教育決策主體由三大機構組成：教育部、內閣與樞密院、議會。教育部提出國家教育政策的建議，也是執行政策的主要部門。內閣由首相及重要部門的首長或大臣組成委員會，制定或核定重要的國家教育政策、向議會提出教育法案及經費，以及監督中央教育行政機關的運作等。內閣所做的決定還要經過樞密院的通過，議會（上議院、下議院）則進行法案之審議。

教育立法是英國教育宏觀決策的一個主要方式，一般程序如下：

1. 成立專門委員會：成立屬於中央教育行政部門的各種委員會，以及由內閣、樞密院及中央教育行政機構設立的專門調查委員會。
2. 發布研究報告：經過訪問、會議、調查、取證、分析和研究等一系列的工作後，撰寫報告並發布。
3. 發布諮詢報告：政府依據調查委員會研究報告提出改革構想和政策意向，同時諮詢公衆、利益團體之意見和建議，撰寫諮詢報告並發布。
4. 形成法案：在發表政策諮詢報告及徵求公衆意見後，政府擬定法律草案送交議會。
5. 議會審查：兩院（上議院、下議院）進行審查，兩院意見一致方定案。
6. 國王批准後正式成爲法律。

英國教育政策制定過程的特點包括：

1. 中央教育機構主導決策。
2. 以立法的形式進行重大決策。
3. 教育決策採取「漸進式」的改革方式，在面臨矛盾和衝突時盡可能以辯論、談判和妥協等方式達成共識，避免引發激烈的階級對抗與社會動盪。在教育宏觀決策上，注重決策的民主化，以開放的態度充分考慮公衆和社會的需求，聽取專家及專業組織的意見。
4. 教育決策的科學化：堅持根據事實做出決策的原則，對決策各個要素盡可能深入了解，正確地評估每個行動方案的可能結果，對決策的原理和方法盡可能掌握。而各種政策建議、方案及影響分析的提出，則有助於決策者和決策機構做出判斷和選擇，從而提高政策選擇的正確性和政策實施的有效性。

三、日本

日本自二次大戰以來，教育行政逐漸走向中央和地方均權的教育管理體制，主要特色是民主化、中央與地方均權。文部科學省爲中央教育行政機構，負責全國教育、科學、文化等事務之行政指導和支持。中央另設教育審議會及成立「教育再生會議」，後者研議教育建言，教育審議會則根據教育再生會議之決議修訂日本國、高中《學習指導要領》，作爲後續課程規劃、教科書編撰與教學實施之指導原則。

日本教育決策無具體立法程序，其教育法規體系以《憲法》和《教育基本法》爲基礎。在決策過程中，議員、媒體、財經界、教育團體等均扮演重要角色，其特點包括：

1. 外部對教育政策的影響力逐漸擴大，逐步形成以內閣爲核心，自民黨文教組（議員）和文部省聯手制定教育決策的格局，地方在教育決策的參與也逐漸擴大。
2. 教育決策過程較爲漫長，以避免因倉促造成決策的失誤。
3. 政策諮議機構在教育決策中發揮重要作用，有利於促進教育決策和行政的民主化、科學化、公開化。
4. 教育決策過程公開，並受全體國民的監督。

四、澳大利亞

澳大利亞的教育政策由聯邦政府制定，各省和地區政府負責執行，其過程簡述如下：

1. 提出問題：涉及國家未來發展和競爭力的問題，或是國民切身利益而被廣泛關注的問題才會被列爲聯邦政府處理的問題。
2. 媒體發布：政府確定即將進入政策修改程序的問題後，由教育部長出面召開記者會發布。

3. 專家報告：確定問題後，政府組織專家團隊，對所提出的問題進行調查研究，成員一般由大學、企業和諮詢相關機關的資深專家組成。

4. 社會諮詢：專家團隊走訪相關單位和個人，徵詢意見。社會各界亦可通過各種途徑充分表達對自己有利的意見或提出建言。

5. 政策形成：專家報告完成後形成政策，其過程與英國類似。

澳大利亞教育政策制定之特點包括：

1. 面向世界與未來：在政策制定過程中努力做到兼顧短期和中長期目標，使政策具有現實性和前瞻性，同時具有持續發展能力。
2. 集思廣益，尋求創新。
3. 調查研究，科學決策。
4. 面向全民，易於實施：目標是讓最大範圍的人群受益。

附錄二　各國教育政策推動實例[1]

一、德國分流教育

德國的學術、技藝二元分流教育制度施行了近百年，奠下了德國紮實的工業基礎。全國大約有三成的孩子進入學術領域，七成接受技藝或職業訓練，分流的狀況符合國家發展的需要。推動過程整理如表十。

二、芬蘭「高中無年級制」推動過程

芬蘭於一九八〇年以前採取德國式的學術、技藝雙軌制，學童在四年級就必須決定其學習是往學術發展，還是接受職業訓練、準備投入職業市場。一九八〇年，芬蘭修改其十歲分流的雙軌制，並開始進行高中階段「無年級制」教育制度的規劃。一九八二年起，芬蘭進行小規模「無年級制授課制」實驗，一些高中將三年制畢業改成二至四年制，學生可依自己的性向、興趣與能力選課，修滿一百二十個學分即可畢業。

---

[1] 王立昇、黃光國、吳武典、孫志麟，《教育政策制定程序建議書》，臺灣大學公共政策與法律研究中心，二〇一二年。

表十 德國學術、技藝二元分流的推動過程

時間	內容
1920	帝國教育會議決議設置基礎學校，所有兒童都需接受4年基礎學校教育，而後再進入不同類型的學校就讀，從而形成中等教育的分流設計。
1955	西德聯邦和各邦政府聯合設置「德國教育制度委員會」，聘請獨立的學者專家研擬教育改革方案。
1959	「德國教育制度委員會」提出《改革與統一普通學校制度的綱領計畫》。
1964	各邦共同簽屬《漢堡協議》，中等教育階段爲分流設計，分爲文理中學、實科中學、主幹學校（職校）等類型。
1970	爲了延緩分流，倡議設置綜合中學。
1982	綜合中學成爲各邦相互承認的正式學制。
2007	舉辦統一的高中畢業會考。
2012	總理梅克爾開給歐債問題的六大藥方包括推行德國二元分流制的教育制度。

一九九四年，芬蘭全國教育委員會頒布《芬蘭高中教育課程架構大綱》，全國約三分之一的高中實施「無年級化」制度。許多高中實施成功後，芬蘭在一九九九年一月頒布了《芬蘭高中教育法案》，全面推行無年級制授課制，打破了長期以來有固定班級、固定課程內容、固定教師和單一灌輸型的教學管理模式，「高中無年級制」全面施行。

芬蘭高中「無年級制」教育政策制定過程相當愼重，從試辦到全面施行前後歷經約十八年，過程整理如表十一。此一制度提供了學生適性選修的機會，學生可依個人的需要調整學習的內容與進程，深符「因材施教」、「適性教育」的理念，其推動方式及「適性選修制」的彈性課程設計可爲我國推行十二年國教、實現「適性揚才」理想之借鏡。

表十一　芬蘭高中「無年級制」教育政策推動過程

時間	內容
1970	二次世界大戰之後，芬蘭採取德國式的學術、技藝雙軌制教育制度。
1980	修正10歲分流的雙軌制，取而代之的是7到16歲的綜合義務教育；同時開始進行「無年級制」教育制度的規劃。
1982	開始在一些高中實驗「無年級制」，將三年制畢業改成二到四年制。
1993	正式在全國高中、技職學校推行，高中職不再分年級，也沒有固定的班級。
1994	國家教育委員會制定《國家核心課程綱要》。 芬蘭全國教育委員會頒布《芬蘭高中教育課程框架大綱》。 全國約三分之一的高中實施無年級化制度。
1999	頒布《芬蘭高中教育法案》，全面實施高中無年級化制度。

三、日本寬鬆教育（a margin for education）

日本於一九七〇年代，有感於考試制度的僵化及學生的壓力過大，開始推動平均化教育及寬鬆（或寬裕）教育，並於一九八〇年代邁向寬鬆教育路線，刪減學習內容及授課時數，提出「放鬆和充實」、「放鬆和滋潤」等口號，安排不做校科指導的「清除時間」。這樣的氛圍到一九九〇年代更為強化，繼續刪減課程內容及授課時數，並廢除小學第一、二學年的理科、社會科。然而，二〇〇四年各項國際學生學習評量（PISA2003、TIMSS2003）結果出爐，日本學生的分數普遍低落，顯現寬鬆教育效果不彰，學生的學習落後，於是日本政府在二〇〇七年著手改革，並於二〇一一年逐步脫離寬鬆教育路線。日本寬鬆教育推動及修正過程整理如表十二。

四、南韓平均化教育

為推動教育公共化及正常化、減少私校教育費，南韓於一九七四年開始推行平均化教育政策，公私立學校學費齊一、統一招生、取消高中入學考試、廢除重點學校（消滅菁英高中）、中小學生就近入學。施行之初期頗受好評，然而，多年後弊病叢生，公立學校逐漸式微，私校招生擠破頭，補習風氣更爲興盛，階級翻轉更爲困難。南韓於是在二○○二年實行《英才教育振興法》，修改平均化教育的路線。南韓平均化教育之推動及修正過程整理如表十三。

五、美國STEM教育

美國爲振興國內科技及經濟發展，提高國民科技素養，維持美國在全球的領先優勢，在二○○九年正式推動STEM教育，在各級學校大力推倡科學（Science）、技術（Technology）、工程（Engineering）及數學（Mathematics）的教育，全面培育國內科技人才。在另一方面，美國並積極吸納國際科技人才，外籍人士在申請美國永久居留權時，如被歸類爲STEM人才，可獲優先處理。美國爲提振國家競爭力所推動的STEM教育整理如表十四。

表十二　日本寬鬆教育推動及修正過程

時間	內容
1972	日本教職員組合提出「寬鬆教育」以及「學校5日制」。
1977	全面修改《學習指導要領》。
1980	邁向寬鬆教育路線實施。
1984	中曾根政權時，成立臨時教育審議會著手擬定寬鬆教育的方針。
1989	再次全面修改《學習指導要領》。
1992	強化寬鬆教育路線實施。
1996	文部省、中央教育審議會委員採用重視「寬鬆」的學習指導要領。
1999	發布《高中學習指導要領》。
2001	隨著日本中央部會的整編，中央教育審議會納入過去專司教育課程改革任務的「教育課程審議會」。
2002	部分地區修改寬鬆教育路線。
2006	指導要領外的學習內容以「發展性內容」的名稱重新編入教科書。成立教育改革諮詢機構，名為「教育再生會議」。
2007	首相安倍晉三主政時，以「教育再生」之名，開始著手改革寬鬆教育。
2011	實施《新國中學習指導要領》、《中學校學習指導要領》，逐步脫離寬鬆教育路線。
2016	日本文部科學省發布2020年起將在小中高學校依次實施的新《學習指導要領》，大量增加了學校課程的課時和內容，正式告別「寬鬆教育」。

表十三　南韓平均化教育推動及修正過程

時間	內　容
1972	爲解決不斷困擾韓國人民的教育問題，成立「韓國教育發展協會」，規劃平均化教育改革。
1973	公布新高中入學制度。
1974	全面推行平均化教育。
1985	「教育改革審議會」成立，針對平均化教育所呈現的種種問題進行檢討。
1990	部分地區取消平均化教育政策。
1994	成立「教育改革委員會」，重新認知21世紀韓國教育改革的必要性。
1996	修訂平均化教育政策，普通高中經由雙重申請或抽籤系統選擇學生。
1999	通過《英才教育振興法》，重回英才教育的路線。
2002	實行《英才教育振興法》。 根據《英才教育振興法》第10條：當英才教育對象的保護者需要將英才教育對象編入英才學校或英才班時，可向市、道的教育局要求指定或分配學校。

表十四　美國STEM教育推動過程

時間	內　容
1994	美國參眾議院審議通過《目標2000年：教育美國法》和《改革美國學校法》，開始對各州和地方提供教育經費補助。
2001	美國參眾議院審議通過《沒有兒童落後法》（No Child Left Behind, NCLB）。
2006	美國總統布希在國情咨文中公布一項重要計畫——《美國競爭力計畫》。
2009	修改《美國振興及投資法案》，以及在「奔向巔峰」（Race to the Top, RttT）計畫中強調科學（Science）、科技（Technology）、工程（Engineering）及數學（Mathematics）教育，STEM教育將決定國家未來的競爭力與經濟實力。 新架構將美國高中分爲四類： 1. STEM-elite：集中式菁英學校。 2. STEM-focused：分散式菁英學校。 3. Comprehensive：普通高中。 4. Technical：技術高中。
2010	美國教育部教育技術辦公室在3月發布第四個國家教育技術計畫。
2011	美國總統歐巴馬推出旨在確保經濟增長與繁榮的新版《美國創新戰略》。
2012	美國總統歐巴馬預告十萬STEM教師、百萬人才新科技教育計畫。

附錄三　各國高中入學制度簡介

一、美國紐約市[1]

美國紐約市每年約有八萬名初中畢業生，有四百多所不同類型高中可以選擇，包括職業及技術教育（CTE）學校、小型學習社區（SLC）學校、特許學校、小學校、國際學校、特殊高中、創新學校（iZone Schools）、轉校生學校等。這些學校提供將近七百個課程，學生可以根據喜好、興趣和學習需求而申請最適合的高中及課程。

高中入學程序主要依兩個原則進行：公平和選擇，大約百分之七十九的畢業生選擇免試就近入學（如遇超額，則採計在校成績比序），大約百分之十五左右選擇私立高中，也有約百分之六（二〇一一年有六千三百六十六人）的學生進入九所「公立」特殊高中（Specialized High School），除了拉瓜地亞藝術高中以展演或作品來選擇學生外，其餘八所學術性高中的入學方式是單一的透過SHSAT（特殊高中入學測驗）考試（考科：語文、數學），然後按選填志願與考試分數高低分發。紐約市的普通高中入學及特殊高中入學採一次分發的方式，係由因延遲接受運算法而得諾貝爾獎的Roth教授幫忙設計規劃。

美國紐約市的公立特殊高中如表十五所示。

【1】台灣教育評論月刊，第一卷，第四期，第五十七至六十四頁。

二、韓國

韓國的總人口數約五千一百三十萬人，每年有約六十萬名初中畢業生，除了一般高中外，還有特殊目的高中、特殊化高中、自主高中、Meister高中等類高中。約百分之七十一的畢業生進入一般高中，約百分之三點六左右進入特殊目的高中（special-purposed high school），約百分之十七左右進入特殊化高中（specialized high school），約百分之七點九左右進入自主高中（autonomous high school），約百分之零點六左右進入Meister高中（Meister high school）。較特別的高中類別如表十六所列。

高中入學採分區聯合辦理「選拔考試」方式進行，分區以「道」爲範圍，禁止越區就讀，招生區域內的公私立高等學校舉行聯合選拔考試，但特殊目的高中可接受學生越區就讀[2]。

三、日本[3]

日本的高中分爲獨立高等學校（簡稱高校）和六年一貫制中等學校，有普通高校、綜合高校、職業高校、綜合學科高校和專門高校等類別。職業高校強調生產性工業、農業部門與社會服務部門的專業教育；而專門高校則強調理論與藝術的教育；綜合學科高等學校兼有普通學科與專門學科的教育。

關於日本高校入學制度，公立學校主要以「學區制與聯考併設制」進行，私立學校則以「單獨

【2】 http://mail.nhu.edu.tw/~society/e-j/103/a16.htm
【3】 http://epaper.naer.edu.tw/index.php?edm_no=21&content_no=485

表十五 美國紐約市公立特殊高中

學校名稱	特色	2011年錄取人數
史岱文森（Stuyvesant High School）	數學、科學、科技	937
布朗士科學高中（Bronx HS of Science）	科學、數學	1044
布魯克林科技高中（Brooklyn Technical HS）	工程、科學、資訊科學	1951
城市學院數理工程高中（High School for Mathematics, Science and Engineering at City College）	數學、理工	228
雷曼學院美國研究高中（High School of American Studies at Lehman College）	美國歷史、人文	177
約克學院附屬皇后區科學高中（Queens High School for the Sciences at York College）	科學、數學	143
史丹頓島科技高中（Staten Island Technical High School）	數學、科學、電腦、工程、人文、表演藝術	352
布魯克林拉丁學校（The Brooklyn Latin School）	古典文學藝術、拉丁語文	572
拉瓜迪亞藝術高中（Fiorello H. LaGuardia High School）	美術、樂器、聲樂、舞蹈、戲劇	962

表十六 韓國特別高中的類別及課程

類別	內容
特殊目的高中	科學、外語、藝術、體育、國際、其他
特殊化高中	卡通、動畫、餐飲、視覺產出、觀光、鑑賞（interpretation）、珠寶鑑識、其他
自主高中	對於課程規畫及運作有更高的自主性
Meister高中	訓練學生習得高技術製造業工作技能

招生」爲主；另有「推薦甄選制」及「一藝入學制」等多元入學管道。

「學區與聯考併行制」以劃分學區爲範圍，一個學區內通常有二至七所高校，考生不得越區報考，採取入學考試和採計在校成績的「綜合選拔」或「單獨選拔」制，一般考試成績占百分之七十，記錄學生學科成績、操行和群育成績的「調查書」占百分之三十。在「綜合選拔」制中，考生參加入學考試後，學區先錄取足額招生人數，再依志願、戶籍、成績採S型分配至高等學校。而「單獨選拔」制即考生針對單一高等學校提出報考志願，再依成績決定錄取與否。綜合選拔制的學校排名模糊，希望不要突顯明星高中的地位，卻無法吸引學生就讀，使單獨選拔制逐漸受到重視。

私立高中則以單獨招生爲主，也有數校聯合招生。各地區的升學名校是學生競爭的主要目標，私校爲了招收學生，通常會提早招考。私立高校的一般入學幾乎都不採用學校推薦調查書及學校學習紀錄。考生在塡寫報告書時，要在「單願」與「併願」擇一，單願表示以私立高中爲唯一目標，併願則表示會再報考公立高中，且考上公立高中就一定要去讀。

推薦甄選制則以口試、作文、特定學科、性向測驗與報告書、推薦書作爲決定是否錄取之依據，錄取合格者就不得參加其他入學考試，以保障考生權益。

另有一藝入學制及特殊專長入學制，只要考生提出一項專長證明，通過審查即可入學。

日本高校亦保有特色選拔的入學管道，各高校可提出擬招募學生的條件，及因應特色需求所進行的入學考試制度，在規定的員額內分出部分名額招收符合條件的學生。

四、芬蘭

芬蘭小學、初中、高中皆實行全免費教育，完成初中學業的比例達百分之九十九點七。學生在十五歲初中畢業時，可以塡報五個志願選擇升高中，也可以選擇就業。芬蘭高中包括學術型及職業型兩大類，其中學術型高中包含提供專才教育的特殊高中。進入學術型高中要看在校成績，有些學校則得報名參加考試或面試。

芬蘭特殊高中的特色課程安排因校而異。據統計，芬蘭全國約七十多所特殊高中，包含十八所IB（國際文憑）課程學校、十二所華德福高中、四所純科學高中、四所純美術高中、五所純音樂高中、十所純體育高中，其他特殊高中則提供數個特殊領域的課程。

依據芬蘭的官方統計數字[4]，二〇一六年完成九年級初中的五萬七千六百一十五位學生中，選擇進學術型高中的有三萬零三百六十四人，占比百之五十二點七；選擇進職業型高中的則有二萬四千四百五十九人，占比百分之四十二點五；其他的二千七百九十二人（百分之四點八）選擇就業，或留在學校進行第十年級的學習，爲進高中作準備。

【4】 https://www.stat.fi/til/khak/2016/khak_2016_2017-12-13_tau_001_en.html

附錄四　各國大學入學制度簡介

一、日本[1]

日本的大學分爲國立、公立、私立三種，目前大約有五百所，大學的教育方針以學術研究爲中心，報考資格爲高中畢業生或同等學歷者。日本文部省從一九七九年開始推行兩次高考制度，第一次是全國統一的「大學入學者選拔試驗」，由獨立行政法人大學入試中心舉辦，第二次則是各大學自辦的招生考試。申請包括大學和短期大學的高中生都要參加大學入學者選拔試驗，考試一般都是在一月十三日之後的第一個星期六和星期天舉行（日本的學年從每年的四月開始，隔年的三月結束）。二〇一七年的日本大學入試考試是一月十四、十五日兩天，全國一共有六百九十一個考場，有五十多萬考生應試。

大學入學者選拔試驗的基本考科有五科，包括國語、數學、外語、理科（物理、化學、生物）、社會（公民、地理、歷史）等，由大學教授組成的學科委員會命題。該次考試的成績出來後，考生才可以在二月參加所報考學校自主命題的二次試驗。統一考試成績不及格的考生，有可能失去第二次試驗的資格。

學校自主考試主要測定考生的專業知識和思考能力。因爲全國所有國立大學辦理的二次試驗都

【1】 https://kknews.cc/zh-tw/education/5x88e3.html

在同一天，考生只能報考一所國立大學。私立大學的二次試驗日期則不同，從二月中旬至三月底。學校將考生的兩次試驗成績進行綜合計算，擇優錄取，四月入學。

除了一般入學管道之外，日本還有兩種入學方式：推薦入學、AO（Admission Office）入學。推薦入學是私立大學招生的重要形式，分爲公開招募和指定學校推薦，以調查書、推薦書等資料作爲審查的主要依據，部分學校還要進行面試或小論文的考試，有的學校則完全免除對學生的學力考試。

AO入學則是學校以靈活方式招收特殊人才，以學生的個性和才能作爲評判是否錄取的重要標準，而摒棄了傳統的考試科目。在學術、文化、藝術、體育等領域有造詣及特殊表現的學生，可以向學校提交活動報告書、學習計畫書、志願理由書、小論文，並接受面試。一九九〇年，知名私立大學慶應義塾大學率先實施AO入學方式，二〇〇〇年大學入學者中，AO入學方式學生占百分之一點四，到二〇一二年增加到百分之八點五。

二、美國

美國的大學主要是採取獨立招生，想要入學的人，先透過名爲「通用入學申請」（The Common Application）的網路系統申請報名，該系統沒有限制申請的數量，但學生需向每個選擇的大學遞交一系列的文件與證明書，包括公開考試的成績證明（SAT/ACT）、入學申請表格、自薦與推薦信等。

學術評估測驗（SAT, Scholastic Assessment Test）第一次考試於一九二六年舉辦，分爲SAT推理測驗（SAT Reasoning Test）和SAT學科測驗（SAT Subject Test）兩類。推理測驗有三個單元：寫作、數學、批判性閱讀（Critical Reading），每單元計分爲二百～八百分，採十分進位，總分是三單元相加總和。學科測驗則有：(1)英文（文學）、(2)歷史（美國歷史、世界歷史）、(3)數學（數學一級、數學二級）、(4)科學（生態學/分子生物學、化學、物理）、(5)語言（漢語、日語、韓語、法語、德語、現代希伯來語、義大利語、拉丁語、西班牙語）等五大類。

美國大學測驗（ACT, American College Test）是另一種申請美國大學的入學資格考試，由美國大學測驗組織機構主辦。ACT不是單純的語言考試，而是對學生綜合能力的測試。考試重視學生對基礎課程的掌握，並檢查學生一般學術能力。考試有四個部分：英語、數學、閱讀、科學，全部爲選擇題，共二百一十五道題。總分三十六分，考試時間共一百七十五分鐘。

雖然大多數美國學校要看SAT或ACT的成績，但據報導[2]，有愈來愈多大學放棄採用SAT或ACT考試成績作爲招收新生的標準，根據美國國家公平公開考試中心指出，名列美國新聞與世界報導（US News & World Report）最佳大學的學府中，已有超過一百二十五所私校讓申請者自行決定要不要附SAT或ACT考試成績。

三、芬蘭

芬蘭的高等教育分爲大學及技術學院，入學管道不同，學生必須參加全國高中會考（matriculation examination），但若學生持國際學識考試（International Baccalaureate, IB）成績、歐洲學士文憑（European Baccalaureate, EB）或德國大學入學考試（Reifeprüfung Examinations）成績亦可申請。

芬蘭大約有二十所大學，各大學可以自行招生，招生名額則由大學與教育部協商而來，若申請人數超過招生名額，則大學可以決定以何種方式篩選學生，可自辦招生考試。芬蘭的大學依據全國高中學生會考成績、各大學學系的入學考（Entrance Examination）成績、或是前述二項成績的綜合考量（依所申請的學系之規定）決定錄取名單[3]。

---

[2] https://www.cw.com.tw/article/article.action?id=5069694

[3] 楊淑婷，「考察北歐（芬蘭、瑞典）大學入學制度」出國報告，教育部高等教育司，二〇一二年九月。

芬蘭全國高中生進入大學的比例約為百分之五十至六十，具有大學文憑的比例則約四成。全國高中會考有四個測試科別：母語（包括芬蘭語、瑞典語和薩米語）、數學（進階和普通兩個等級）、外國語（有英語、法語、德語、俄語、義大利語、西班牙文、葡萄牙語、拉丁文、北方薩米語、伊納里薩米語等可選）、綜合科目（有宗教、道德、哲學、心理學、歷史、公民、物理、化學、生物、地理、健康教育等可選）。大多數學生自二十餘門科目中選考五～六科，至多考九科；但要考的學科則依所申請學院的要求而定。高中會考一年舉行二次，分別是春季和秋季，每次考試是七天（週一、三、五）、每天一科，約考六個小時，母語考兩天。

各大學校系的入學考則以大學教授指定書籍的內容為範圍，事先公布書名，以筆試為主。書本的深淺程度與高中所學相當，不需再研讀額外的課本或更多的書。基本上，一個校系只會考一科。例如：申請化學系考化學；申請社會科學系考社會學科。但若申請醫學系，則一個科目中可能包括化學、生物等與醫學相關的考題。

芬蘭強調入學的公平性，高中會考的題目全國統一，大學申請不需個人非學業資料，因此沒有評量或審查個人特質、成長背景、社經地位等多元考量，而純粹以考試成績衡量入學資格。

四、德國[4]

德國的大學主要分為兩類，一類為應用科學大學（Fachhochschule, FH），另一類則為綜合大學（Universitat, Uni），這兩類大學的差別在於，申請Uni需要參加高中畢業會考，與台灣的大學聯考方式類似，但是申請FH則不需要參加高中會考，只要完成高中的課業即可申請。FH修業年限短，大

[4] https://kknews.cc/zh-tw/education/5zpx6k.html

約只需三至三年半的時間。

一般而言，德國只有文理中學的學生參加高中畢業會考（Abitur），文理中學的課程有四大類：(1)語言類，包括德語、英語、法語、拉丁語等；(2)科學類，包括數學、物理、化學、生物、信息技術等；(3)社會科學類，包括政治、經濟、歷史、地理、宗教、美學等；(4)文體類，包括音樂、美術和體育等。學生在正式進入十二年級之前，必須選修其中至少七門課，包括德語、數學、體育、一門外語、一門除數學外的科學類課程、一門社科類課程和一門藝術課程。再由選修課中選擇二門作爲主修，三門作爲輔修，這五門課必須包括德語、數學和一門外語。

學生一旦選定課程以後，就不能再變更。最後的畢業會考即由這五門課組成，學生可以根據個人優勢在衆多科目中自由選擇四或五門參加考試。兩門主修課必須採筆試方式，三門輔修課中一門筆試、兩門口試，但是筆試科目的類別不能和兩門主修課重複。

畢業會考期間，不同科目分別被安排在不同日期進行考試，學生根據自己的選課，選擇相應的日期參加，而兩門口試則必須在全部學生筆試完之後才會進行。所以雖然只有五門課，但學生通常需要兩個月左右才能完成所有的畢業會考。

Abitur的總成績是由高中階段最後兩年內（四個學期）不同學科的成績和最後的畢業會考成績加權計算累計後而得。學生拿到分數以後，必須先了解自己理想的學校專業要求和招生情況，再提出申請，各大學專業學系則依成績擇優錄取。

五、韓國[5]

韓國的大學根據設立的主體不同，可分爲國立大學、公立大學及私立大學，其中私立大學的數目占了八成以上。一九六二年，韓國開始實行大學入學資格國家招生考試制度。二〇〇二年以後，韓國大學採取大學能力考試、學校生活紀錄薄、論述、推薦信、面試並行的招生方式。韓國在二〇一三年公布了《二〇一四年度高考體制改革方案》，將每年一次的大學入學考試改爲分兩次進行，考試科目包括國語、數學、英語、理組或文組專業科目（即物理、化學、生物、地球科學，或歷史、地理、政治、經濟等）與第二外國語（包括德語、法語、西班牙語、中國語、日語、俄語、阿拉伯語、漢文等）選三科。考試成績不計算總分，而將各科目的考試成績分別打分，然後依據分數段確定各科目的等級以及綜合等級。等級分爲九等，每年的等級比例根據每年的考生人數決定。

六、法國[6]

法國義務教育年齡爲六至十六歲，亦即跨初等至中等教育階段。小學五年、初級中學四年。初中畢業後可選擇三年的普通高級中學或職業高級中學。

普通高級中學提供一般及技術課程。畢業後依志願參加普通類會考（baccalauréat général）或技術類會考（bac technologique）。普通類會考分三組：文學組（L）、經濟及社會學組（ES）、科學組（S）。技術類會考則分八組：實驗室科技組（STL）、工業暨發展科技組（STI2D）、設計暨應用美術科技組（STD2A）、企業暨財經管理科技組（STMG）、衛生與社會科技組（ST2S）、音樂

[5] https://www.liuxue86.com/a/1677.html

[6] http://www.edu-fair.com/reports/EnterFrenchUni.html

暨舞蹈技術組（TMD）、旅館管理組（Hôtellerie）、農業科技組（STAV）等。會考總成績依據各科目之計分比例計算。總成績平均達十分或十分以上者（滿分爲二十分）即算是通過考試，可取得會考資格；達十二分以上者，爲尙優等級（AB）；達十四分以上者，爲優良等級（B）；達十六分以上者，爲極優等級（TB）。但是如果考得不理想，成績在八分至十分之間的學生，可有一次補考機會。如果八分以下，則沒有通過標準，無法取得高中會考資格。

每年三、四月間，法國高中生開始辦理「預註冊」，也就是「登記志願」。每個學生最多可登記三個志願。五月時，學生會接獲登記之大學所寄發的「保留名額登記單」。七月時，學生在接獲通過會考之成績單後，即可向保留名額之大學領表註冊。

法國高等教育分爲一般大學與高等專業學院兩個體系。一般大學體系入學採申請制，凡持有高中會考及格證書或同等學歷證書即可申請入學，公立大學免學費，只要繳每年數百歐元的註冊費。

高等專業學院體系入學則須具備優秀之學業成績或通過嚴格之入學考試，以數理、工程、商學、管理、文學等專業爲主。高等專業學院成立的目的是爲了培養高階文武官、工程師和企業主管等，因此篩選學生非常嚴格，入學制度是在當年法國大革命（一七八九年）後，參考中國唐朝的科舉制度而設計，沿用了兩百多年。要進高等專業學院，一般得先念兩年高等專業學院預備班，高中會考成績前百分之十的學生才能進預備班，兩年之後，再參加各高等專業學院的招生考試，也就是所謂的「入學競試」（concours），擇優錄取。程度好的高中畢業生亦可在通過會考後直接參加入學競試而進入讀五年的高等專業學院。

著名的高等專業學院有綜合理工學院（École polytechnique）、國立行政學院（École nationale d'administration）、高等師範學院（École normale supérieure）等。全法國包括大學、技術學院、科技大學等高等教育體系，約有二百三十萬名學生，但高等學院卻只有十二萬人左右，大約占總大學生人數的百分之五。

附錄五　少子化衝擊影響

依據內政部的資料，自一九七四年到二〇一六年的零歲人口數的趨勢如圖七所示。

二〇一〇年的零歲（出生）人口數爲十五萬七千二百八十二人，那一年的孩子將於二〇二八年（民國一一七年）進入大學，假設讀大學的比例爲百分之八十（可能已太高），也就是十一萬七千九百六十一人。

在另一方面，依據教育部的資料，二〇一六年全國大一新生約有十九萬九千八百八十六人，包括一般大學十一萬二千一百九十七人（七十一所）、科技大學（四技二專）八萬七千六百八十九人（八十三所），約占一九九八年零歲人口（二十五萬四千七百七十六人）的百分之七十八。

依據二〇一六年大一新生人數推估，到了二〇二八年將有七萬四千零六十一個學生缺額，如果前段學校收的學生人數沒有減少，以平均一所大學招

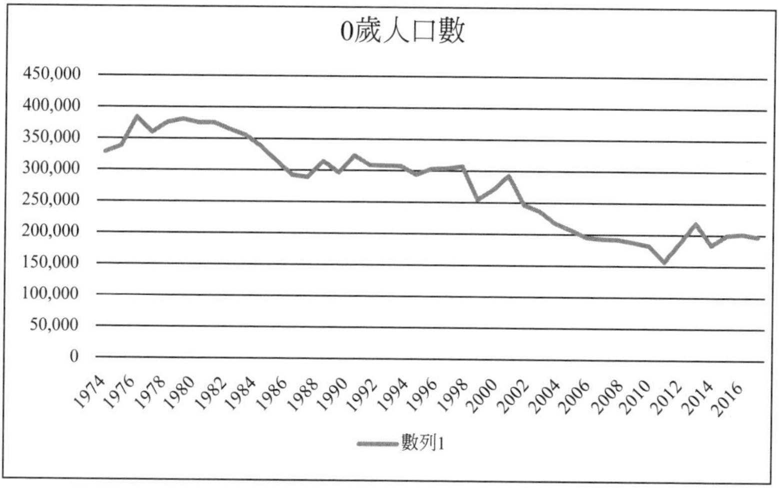

圖七　零歲人口數的趨勢圖

收一千五百位學生來計算，則大約將有五十所大學收不到學生。如果以近十年平均零歲人口數的十九萬零七百二十一人計算，粗估讀大學的人數爲十五萬二千五百八十一人，大約也會有四萬七千三百零五個學生缺額，大約將有三十二所大學收不到學生。少子化後退場大學數推估整理如表十七。

廣設大學的問題已成爲國家人才培育的重大問題，本來就不該有那麼多研究學術的大學生，爲何要設那麼多大學呢？少子化的現象使得這個問題益形嚴重，如何使辦學有狀況的大學順利退場，成爲當前教育迫切需要解決的課題。

表十七　少子化後退場大學數推估

計算方式	18歲人口數	學生數（以人口數80%估）	缺額（與2016年大一新生比較）	退場學校數
2028年	157,282	117,961	74,061	50
10年平均	190,727	152,581	47,305	32

附錄六　教育政策相關連署書

一、「捍衛教育選擇權、尊重地方自治權、反對孩子當白老鼠」連署書（二〇一二年五月十三日）

我們肯定政府推動十二年國民基本教育之福利及「提高教學品質、成就每一個孩子、提升國家競爭力」之總體目標。但是，社會大衆對於四月二十五日政府公告之各項配套措施中免試入學超額比序方式，以及立法院所擬將審議之推動條例中各校免試招生比例，仍有許多擔憂與疑惑。以現行公告的基北區免試入學辦法爲例，超額比序分數評比採計志願序分數、多元學習表現及國中會考成績。疑慮如下：

疑問一：多元學習表現包含獎懲紀錄與服務學習表現，如何做到公平？

➜學生除了課堂學習外，其品德教育與社會服務當然是教育的重點。但在相同升學區中，各校的獎懲標準不一，此分數該如何公平地計算呢？此外，獎懲是教育手段，不是目的，即學生的懲罰（記過）是為了改善其行為，一旦成了比序項目，還影響到其未來的升學，那不就是雙重處罰嗎？

➜服務學習原意是為了培養孩子的服務精神，現在卻變成一種升學條件，摻雜了功利取向的服務，是否違背了服務學習的原意？

疑問二：學校志願序將影響比序分數，如何填志願？

➜家住信義區的王小小，志願學校是松山高中。假如王小小把松山高中放在第一志願，他在志願序得到三十分，但如果王小小將松山高中放到第二志願，那麼在志願序分數就只得二十七分（等同於國中會考單科成績被扣了一半的分數）。在比序總分計算時，相同學校降了一級志願就扣三分。選擇志願雖重要，但這與學生學習能力表現無關。在志願序分數是浮動的基準下，試問父母與學生究竟該如何填志願才能進入理想學校？未來是否會再發生「高分低就」的狀況？

疑問三：部分國中生將面臨以抽籤決定升學進路的處境，但如何抽籤？抽到很遠的學校怎麼辦？

➜十二年國教實施以後，如果發生同一學校申請超額時，先是依照超額比序條件進行篩選，如果人數還是過多，則學生將被強迫以抽籤方式決定升學學校。但如何抽籤？即使是現在宣稱的「電腦亂數抽籤」，那是由「學校抽學生」還是「學生抽學校」？不同學校的抽籤優先順序又為何？是否會發生住在板橋的學生抽到位於基隆的學校？如何能落實「就近入學」？此種「升學看運氣」的方式如何能鼓勵學生努力向學？學生可能在「努力也不一定能進到理想學校」的心態下怠惰學習，未來又如何提升個人及國家的競爭力？

依據《教育基本法》第八條：「國民教育階段內，家長……得為其子女之最佳福祉，依法律選擇受教育之方式、內容及參與學校教育事務之權利。」在當前各校教育環境仍未臻均優質的狀況下，現公告之超額比序方案恐將違背教育選擇權的精神，近日發生的甄選作業弊端更令人憂心未來該方案的可行性與公平性。

依據《教育基本法》第九條，中央政府之教育權限包括：教育制度之規劃設計、對地方教育事務之適法監督、執行全國性教育事務，並協調或協助各地方教育之發展。在免試入學比例方面，教育部原規劃方案以各招生區總額為計算單位，尚符合地方自治精神。但有立法委員提出《十二年國民基本教育推動條例》草案，明訂各校免試入學比例和時程，更規定一○八年各校免試入學比率要達到百分之五十以上、一一二年要達百分之九十五以上。我們認為：訂定專法推動十二年國教有其意義，但絕不能在各相關條件未成熟前，冒然將各校免試入學比率納入法條。台灣各地區之教育環境與觀念各有不同，教育事務應尊重地方自治權，保留因地制宜的彈性空間。

每個孩子的學習力、領悟力天生有別，經過九年國教的學習後，差異更大。高中課程難度較高，如果老師要同時教導全班學習表現高低落差大的數十位學生，學習力高的想要學得更多、更深，學習較慢的學生則會有追趕不上其他同學的壓力，最後可能導致其學習情緒低落。孔子說要因材施教，我們現在卻是要混材施教，究竟如何才能做好適性教育呢？

我們主張：

㈠ **請給我們更公平、完整的十二年國教實施方案**

1. 教育政策的擬定必須循序漸進、穩健推動，絕不能以「試試看」的心態進行規劃。
2. 應多傾聽孩子的聲音，依照孩子的需求進行教育政策的擬定，將學習自主權還給學生。

㈡ **捍衛家長與學生之教育選擇權**

3. 針對公告之超額比序規劃方案進行嚴格公正之模擬測試，再依模擬測試結果調整規劃方案，以維護家長及學生的教育選擇權爲最高指導原則。

4. 應依照孩子不同的智能與需求，提供各類學習環境與升學進路，增加教育選擇的機會。

㈢ 中央應尊重地方自治權

5. 各校升學制度之擬定屬地方自治事項，教育部應將各校免試入學比例的決定權還給各地方政府。

6. 立法院相關辦法的訂定應尊重地方自治精神，納入因地制宜的考量，不應明訂各校免試入學比例及時程。

㈣ 落實推動適性教育

7. 確實營造適性教育實施環境，重整課綱，依照學生性向、興趣與能力，提供多樣多元之選課、選修機會。

8. 調整教學方式與進度，以協助學生找到學習動機與方向爲首要任務，並培養學生解決問題的能力。

9. 協助孩子找到自己的性向與興趣爲落實適性教育的第一步，教育主管機關應立即進行適性輔導師資之培育工作，並提供各校充足人力、經費等資源，落實適性輔導機制。

二、「反賭局、眞適性、要公義的十二年國教」連署書（二〇一四年九月十九日）

十二年國民基本教育升學制度執行迄今，由於規劃及操作的不當，造成了學生及家長極度的不安與焦慮，甚至發生學生間或家長間彼此的對立與衝突。因爲志願序要扣分，學生選塡志願時惶恐不知所措，不敢塡自己眞正的志願，使得「志願非自願」。因爲先免後特的設計，參加特招的學生因擔心特招考試的變數而不敢放棄免試名額，使得有些學生被迫進入非心目中的理想學校，並造成學生間因搶位子而互相責難。

一〇四學年度雖然改成「免特一次分發」，消除了先免後特的亂象。但教育部堅拒「一試兩用」，使得多個招生區因爲沒有辦理空間而取消特招，大多數學生因而被迫採「二元」方式入學。在這樣的情形下，各項免試入學超額比序的條件就必須做到更爲公平、公正。

我們反對賭博式、不公義的十二年國教升學制度；我們要眞適性的學習環境；我們希望教育能彰顯公理正義的精神；我們不願看到學生價值觀因升學制度的不良而錯亂，甚而影響未來社會風氣；我們認爲教育要能讓弱勢家庭的孩子有翻身的機會，要能提供特殊智能的孩子適合的學習環境及升學管道。我們要「反賭局、眞適性、要公義」的十二年國教。

教育要因材施教，教育制度也要因地制宜，才符合「適性」原則。依據《地方制度法》，各級學校教育之興辦及管理屬於地方自治事項。因此，我們認爲：教育部應鬆綁各項規定，還給地方教育自主權。各地方政府教育局則要能扛起重任，以學生權益爲依歸，設計「適性」的升學制度，並致力於提升教學品質，改善學習環境，眞正達成適性揚才的目標。

綜上所述，對於明年的高中職入學制度，我們主張：

1. 志願序不扣分（維護教育選擇權，避免下注押寶的賭局心態）。
2. 會考成績只比量尺分數（先）及作文分數（後）（最公平的學習表現評估依據）。
3. 刪除不公義的超額比序項目（如競賽、獎懲、幹部等）。
4. 教育部應鬆綁各項規定，還給地方自主權。

三、「高中學習要完整有效、大學入學要公平適性」連署書（二〇一五年九月十二日）

大學多元入學制度自民國九十一年開始實施，迄今已十四年，卻仍未得到人民的認同而到了不得不大幅修正的階段。由於類似聯考的考試分發入學管道招生名額在三個管道中的比例由九十八年的百分之七十三，一路下降到一〇四年的百分之三十五，甚至有的學校已接近只有兩成，如此失衡的現象令學生及家長不得不把握大幅增加的甄選入學（包括繁星推薦及個人申請）機會，於是各種升學亂象頻傳。

繁星推薦的初衷是爲了要照顧偏鄉弱勢的學生，但現已逐漸演變成爲有錢有勢家庭學生的舞台，變相鼓勵了機會主義。個人申請的主要功能在於提供學生考試考不出來的能力有發揮的機會，但現在備審資料造假、面試靠關係等不公不義的現象時有所聞。長達半年的複雜升學過程使得家長及學生長期焦慮不安，經濟弱勢的學生更難有發展的機會，民怨於是逐漸高漲。

九十一年五月，《中國時報》在多元入學制度第一年實施時就進行了一項民調，當時有百分之五十八的人民贊成恢復聯考，百分之三十八維持多元入學方案，而有百分之七十的人民質疑多元入學的公平性。經過十三年，TVBS在一〇四年四月進行了一項類似的民調，顯示在十五歲以上的民眾中，有百分之六十支持恢復聯考，只有百分之二十三支持多元入學；此外，有百分之七十的民眾認爲聯考比較公平，而只有百分之十六認爲多元入學比較公平。顯然，大學多元入學制度在經過多年的實施後，並沒有得到人民的認同與支持。

更令人憂心的是，由於學測的時間在高三寒假，考試範圍只有高一及高二的課程，於是大多數高三學生都因準備學測而沒有認眞研習高三上的課程。高三下的課程則因準備面試或在甄選入學錄取後即參加其他活動而亦未能有效學習。於是，許多高中生在高三的學習是不完整且沒有效果的，也因此造成大學生學力降低的現象。爲處理這個問題，許多大學紛紛開設補救課程。長此以往，個人及國家的競爭力將大受影響，國家前途堪慮。

爲解決高中學習不完整的問題，並讓學生安心升學及家長放心拚事業，我們認爲大學入學制度應公平適性，並主張：

1. **學習完整**：學測時間宜延後至五、六月舉行，以顧及高中三年完整學習。
2. **適性選才，考試分發爲主，甄選入學爲輔**：各種不同特質的學生皆有適性入學的管道，各管道參採項目不同，各種智能皆有發揮的空間，具特殊智能及才能的學生亦有特別的升學進路。申請入學是提供不擅長筆試的學生以其他的資歷作爲升學評比依據之管道，有研究指出，這樣學生的比例約在三成到四成。因此，入學制度宜依「考試分發爲主，甄選入學爲輔」的精神，朝符合社會期待的方向調整。

3. **簡化入學制度**：目前入學制度過於複雜，學生及家長怨聲載道。宜簡化入學制度，多管道進行但同時分發，以減少不同管道相互排擠的狀況，降低家長焦慮，並可遏制機會主義的心態。

4. **甄選入學落實有效面試**：甄選入學最爲家長及社會所詬病的是假面試橫行或靠權勢取得優勢，甄選不一定要面試，但若舉行面試就必須要有標準作業規範，本誠信原則進行有效面試。

5. **及早改革**：新入學制度應及早施行，提早調整一年就可以救學子一年的學習。

6. **扶助偏鄉弱勢**：爲維護社會正義，應提供偏鄉學生、經濟弱勢生及特教生入學機會之保障，並提高其學費補助的比例。

附錄七　產業調查問卷（二〇一六年四月）

徵才條件：

1. 請問貴公司招募新進人員（社會新鮮人）時，會優先以哪些條件作爲求職者能否通過履歷篩選／進入面試之門檻？（請依您認爲的序位填五項，第一項爲最優先）

□(1)畢業校系　□(2)工作經驗　□(3)外語能力　□(4)專業技能
□(5)電腦能力　□(6)解決問題能力　□(7)表達溝通能力　□(8)業務能力
□(9)團隊合作能力　□(10)工作適應能力（穩定抗壓性）　□(11)學習意願
□(12)創新創意能力　□(13)相關工讀經驗　□(14)推薦信或推薦人　□(15)其他＿＿＿＿

2. 承上題，通過履歷篩選／進入面試者，公司會優先以哪些條件作爲錄用標準？（請依您認爲的序位填五項，第一項爲最優先）

略（選項與前一題相同）。

員工表現評估：

1. 在下列技能中，貴公司高職畢業的員工表現較突出的是哪些方面？

（請依您認爲的序位填三項，第一項為最突出）

□(1)外語能力 □(2)專業技能 □(3)電腦能力 □(4)解決問題能力

□(5)表達溝通能力 □(6)業務能力 □(7)團隊合作能力

□(8)工作適應能力（穩定抗壓性） □(9)學習意願 □(10)創新創意能力

□(11)其他＿＿＿＿

2. 在下列技能中，貴公司科技大學／技術學院畢業的員工表現較突出的是哪些方面？

略（選項與前一題相同）。

3. 在下列技能中，貴公司一般大學畢業的員工表現較突出的是哪些方面？

略（選項與前一題相同）。

4. 請問貴公司歷年來新進員工（社會新鮮人）到職後的表現比較如何？

（最佳請填1；次佳請填2；最差請填3）

核心能力	90年	97年	104年
(1)外語能力			
(2)專業技能			
(3)電腦能力			
(4)解決問題能力			
(5)表達溝通能力			
(6)業務能力			
(7)團隊合作			
(8)工作適應能力（穩定抗壓性）			
(9)學習意願			
(10)創新創意能力			
(11)配合度			
(12)其他（請填寫） ____________________			
(13)其他（請填寫） ____________________			

學用落差評估：

1. 請問貴公司新進人員（社會新鮮人）在學校的訓練與職場的需求是否有落差？

□(1)是；有落差（哪些方面？請說明）：______

□(2)否；沒有落差（請說明理由，之後結束作答）：______

2. 請問貴公司認爲造成當前學用落差的主要原因爲何？
（請依您認爲的序位填三項，第一項爲最主要原因）

□(1)學校課程深度與廣度不夠
□(2)實用技術訓練不夠紮實，未達應有要求
□(3)學習意願不高
□(4)品格教育未能落實，致使學習態度偏差
□(5)學校所訓練技能之方向、內容不符合企業所需
□(6)其他：______

3. 貴公司認爲企業端應如何解決職場既存學用落差的問題？

（請依您認爲的序位塡三項，第一項爲最主要原因）

□(1)透過公司內部訓練來彌補技能落差　□(2)鼓勵員工下班後在職進修

□(3)強化企業文化　□(4)提升工作環境與員工福利

□(5)建立一套長期規劃的人才升遷遞補體系　□(6)進行工作輪調

□(7)其他：＿＿＿＿＿＿

4. 貴公司認爲學校教育應如何調整，以縮減學用落差？

（請依您認爲的序位塡三項，第一項爲最急迫項目）

□(1)加強既有學科深度與廣度　□(2)技術訓練應澈底落實

□(3)提高畢業門檻

□(4)通盤修改課程內容與教學、技術訓練方向（例如新增3D列印、程式設計、東南亞語等課程，或停授已過時的技術訓練等）

□(5)強化品格教育，以導正學生學習態度

□(6)調整升學制度，調整方式：＿＿＿＿＿＿

□(7)加強外語能力

□(8)其他：＿＿＿＿＿＿

博雅文庫 210

為美好生活的教育：教改往哪裡走？

作者　王立昇（7.3）
發行人　楊榮川
總經理　楊士清
副總編輯　陳念祖
責任編輯　李敏華
封面設計　姚孝慈

出版者　五南圖書出版股份有限公司
地址　106台北市和平東路二段339號4F
電話　（02）2705-5066
傳真　（02）2709-4875
劃撥帳號　01068953
戶名　五南圖書出版股份有限公司
網址　http://www.wunan.com.tw/
電子郵件　wunan@wunan.com.tw
法律顧問　林勝安律師事務所　林勝安律師
出版日期　2018年11月初版一刷
定價　新臺幣220元

國家圖書館出版品預行編目資料

為美好生活的教育：教改往哪裡走？ / 王立昇著. -- 初版. -- 臺北市：五南, 2018.11
面；　公分
ISBN 978-957-11-9953-5（平裝）

1.臺灣教育　2.教育改革

520.933　　107016026